Reichs-Marineamt

Forschungsreise S.M.S. „Planet" 1906-1907

1. Band: Reisebeschreibungen

weitsuechtig

Reichs-Marineamt

Forschungsreise S.M.S. „Planet" 1906-1907

1. Band: Reisebeschreibungen

ISBN/EAN: 9783956560057

Auflage: 1

Erscheinungsjahr: 2013

Erscheinungsort: Bremen, Deutschland

@ weitsuechtig in Access Verlag GmbH. Alle Rechte beim Verlag und bei den jeweiligen Lizenzgebern.

weitsuechtig

Forschungsreise
S. M. S. „Planet" 1906/07

Herausgegeben vom
Reichs-Marine-Amt

I. Band
REISEBESCHREIBUNG

Bearbeitet durch Korvetten-Kapitän Lübbert nach den hinterlassenen Aufzeichnungen des verstorbenen Kommandanten Kapitänleutnants Lebahn, nach Beiträgen des Marine-Oberstabsarztes Prof. Dr. Krämer, Kapitänleutnants Kurtz und Oberleutnants z. S. Schweppe.

BERLIN 1909
VERLAG VON KARL SIEGISMUND
Hofbuchhändler Sr. Majestät d. Königs v. Sachsen

S. M. S. „Planet"

Inhalt.

Verzeichnis der Abbildungen . . . . Seite V—VI
Vorwort . . . . Seite VII
Einleitung . . . . Seite IX—XVIII

Erstes Kapitel.   Seite 1—20
Im Nord-Atlantischen Ozean.

Ausfahrt aus Kiel. Allgemeine Beschreibung der Ausrüstung. Erste wissenschaftliche Tätigkeit in der Biscaya. Erste Lotung und erster Drachenaufstieg. Lissabon. Ergebnisse im NO-Passat. Erster Ballonsonde. Porto Grande. Anlotung des afrikanischen Kontinents. Freetown.

Zweites Kapitel.   Seite 21—34
Im Süd-Atlantischen und Indischen Ozean.

Passieren des Guineastroms. Ergebnisse im SO-Passat. Jamestown (St. Helena). Längste Pilotballonbeobachtung. Festlegung des Walfischrückens. Kapstadt. Vorstoss nach dem Süden. Lotungen in der Kapmulde. Stromverhältnisse südlich vom Kap. Starker Sturm, Verlust des Kutters. Rückweg auf 50° 40' S. Anlotung des Crozet-Rückens. Höchster Drachenaufstieg. Durban.

Drittes Kapitel.   Seite 35—52
Im Passatgebiet des Indischen Ozeans.

Festlegung einer vom afrikanischen Festland isolierten Bank. Lotungen auf der mit Slot van Capelle-Bank bezeichneten Stelle. Aerologische Forschungen. Neue Bank — 1775 m — auf etwa 32° S. Stereophotogrammetrische Wellenaufnahmen. Stromverhältnisse östlich Madagaskar. Tamatave und St. Mary (Madagaskar). Port Louis (Mauritius). Rodriguez, Riffkalkhöhlen. Ergebnisse im SO-Passat und auf der Grenze des Monsungebiets.

Viertes Kapitel.   Seite 53—78
Im Monsungebiet des Indischen Ozeans und im Malayenarchipel.

Suvadiva Atoll. Colombo. Ergebnisse im SW-Monsun. Höchster Ballonsonde. Lugu-Bigo-Bucht auf Simalur. Padang (Sumatra). In der Sikakap-Strasse. Besuch der Missionsstation auf Pagi. Passieren des Vulkans Krakatoa. Batavia. Sunda-Graben. Klärung des Mentavei-Beckens. Makassar. Amboina. Sele-Strasse.

Fünftes Kapitel.   Seite 79—98

Im Vermessungsgebiet des Stillen Ozeans.

Ein Vermessungstag.

Wanimo auf Deutsch Neu-Guinea. Matty. Vermessungen auf den Hermit- und Admiralitäts-Inseln. Herbertshöhe, kurze Schilderung der Kolonie. Im Vermessungsgebiet von Neu-Hannover. Regierungsstation Käwiëng. Verlauf einer Vermessung (Skizze).

Sechstes Kapitel.   Seite 99—104

Reise nach Hongkong.

Besatzungswechsel in Matupi. Verlassen des Archipels. Methodische Ermittlung von Oberflächenströmungen. Yap (West-Karolinen). Korror-Hafen (Palau-Inseln). Philippinengraben. Grösste vom „Planet" gelotete Tiefe. Manila. Hongkong. Zusammenstellung der wissenschaftlichen Ergebnisse.

Dazu: Eine Karte, enthaltend den Reiseweg S. M. S. „Planet".

Verzeichnis der Abbildungen.

	Seite		Seite
Bellevue-Brücke in Kiel	1	Marktplatz in Ivondrona	40
Ozeanographische Instrumente	2	Auf dem Tragstuhl in Ivondrona	41
Biologische Fanggeräte	3	Baum der Wanderer	41
Instrumentdrachen mit Hilfsdrachen	4	Kartenskizze: Port Louis	42
Die Cintra	5	Gouverneurshaus Reduit	43
Praça do Commercio (Lissabon)	6	Skelett der Dronte und des Solitärs	44
Besuch an Bord (Lissabon)	7	Meteorologisches Institut bei Pample-	
Kartenskizze: Kap Verden	8	mousses	44
Bird-Insel vor Porto Grande	9	Besuch an Bord (Port Louis)	45
Parasitärkrater auf St. Antonio	10	Kirche auf Rodriguez	45
Fahnenbäume bei Mindello	10	Kartenskizze: Rodriguez-Insel	46
Felseninseln bei Cima	12	Strand mit Fischerhütten	46
Füllen eines Ballons	12	Riffkalkhöhle auf Rodriguez	47
Das fallende Gespann in Sicht	13	Höhleneinblick vom Plateau aus	48
Hai an der Angel	14	Kalkplateau auf Rodriguez	49
Drachen längsseit im Wasser	15	Kapitänleutnant Lebahn †	49
Lotröhre mit Sinkgewicht auf d. Grunde	15	Ein Planktonfang	50
Globigerinenschlamm	16	Dienst an der Drachenwinde	51
Strasse in Freetown	17	Auf Ceylon	53
Gefangene in Freetown	18	Kartenskizze: Suvadiva Atoll	54
Jamestown auf St. Helena	21	Am Strand von Gadu	54
Drachen klar zum Aufstieg	22	Dorf auf Suvadiva Atoll	55
Kartenskizze: St. Helena	23	Zahntempel in Kandy	56
Leiter auf dem Ladder Hill von St. Helena	24	Klar zum Aufstieg	58
Der herzförmige Wasserfall	25	Beobachtung eines Ballongespanns	59
Grab Napoleons auf St. Helena	26	Auf Simalur	60
Klar zur Lotung	27	Reisstampfer auf Simalur	60
Treibender Riesentang	27	Der Sultan von Simalur mit Gefolge	61
Im Gebiet der braven Westwinde	29	Haus von Mohammed Ali	61
Kartenskizze: Stromsysteme südlich Kap-		Dorf in Emma Haven	62
stadt	29	Haus des Konsuls Schild	62
Am Strecktau im Sturm	30	Reishäuser auf Sumatra	63
Loggen	31	Haus aus den Hochlanden von Sumatra	64
Rigsha-Zulu in Durban	33	Trommel von Nias und Schild von Mentavei	64
Wolkengebilde auf der Höhe von Mada-		Missionsstation auf Nord-Pagi	65
gaskar	35	Eingeborene von Pagi	66
Drachenbeobachtung	36	Auf Süd-Pagi	66
Hai an der Angel, seitlich der Pilotfisch	37	Der Krakatoa	67
Kartenskizze: Ostküste von Madagaskar		Kartenskizze: Krakatoa-Insel	67
mit Tamatave und St. Mary	38	Quergänge und Steilabfall des Krakatoa	68
Boulevard von Galieni, Tamatave	38	Doppelausleger	68
Toilett-Strasse (Madagaskar)	39	Das Lot wird heruntergelassen	69
Düne ... skar	39	Makassar-Leute	70

	Seite		Seite
Eingeborene beim Hazardspiel	71	Pfahldorf Dalàlou	86
Palast des Sultans und Moschee in Goa	71	Das Dorf Loniu	87
Malayische Braut	72	Kartenskizze: Blanche-Bucht	87
Die Jäger mit dem Radja	73	Eingeborene von Pak	88
Strand von Laha	73	Waffen und Gerätschaften aus dem Schutzgebiet. I.	89
Der Kasuartanz	74		
Fischtanz	74	Handelskutter mit schwarzer Besatzung	90
Amboinesische Mädchen	75	Waffen und Gerätschaften aus dem Schutzgebiet. II.	91
Papua-Haus in der Salvatti-Strasse	76		
Wettrudernde Kanoes	79	Strand mit Vermessungsbake	92
Eingeborene zum Tauschhandel längsseit des Schiffes	80	Kartenskizze: Neu-Hannover	92
		Motorboot beim Loten	93
Frauen und Kinder auf Matty	80	Mangrovenbildung	94
Eingeborene von Matty mit Taroblättern als Haarschutz	81	Eine Messung auf dem Korallenriff	95
		Pause im Vermessen	95
Kartenskizze: Hermit-Inseln	82	In Unterhaltung mit eingeborenen Admiralitäts-Insulanern	96
Ein Hermit-Insulaner	82		
Kartenskizze: Admiralitäts-Inseln	83	Das frühere Vermessungsschiff „Möwe" im Busch	97
Eingeborene von den Admiralitäts-Inseln	83		
Djagon (Admiralitäts-Insulaner)	84	S. M. S. „Planet" in Matupi	99
Kartenskizze: Östlicher Teil der Admiralitäts-Inseln	85	Eingeborene Frauen von Yap	100
		Der gefesselte Drachen	102

Die 119 Abbildungen sind zum grössten Teil nach Original-Aufnahmen der einzelnen Expeditionsmitglieder, insbesondere nach solchen von Oberstabsarzt Dr. Krämer hergestellt. Die Kartenskizzen sind nach Zeichnungen im Nautischen Departement angefertigt.

Vorwort.

Im vorliegenden Werk werden die Ergebnisse der Forschungstätigkeit S. M. S. „Planet" der Öffentlichkeit übergeben. Gern hatte die Marine die Gelegenheit, sich in den Dienst der Wissenschaft stellen zu können, ergriffen. In angestrengter Arbeit ist das Material an Bord von den Expeditionsmitgliedern zusammengetragen worden; schwierige, technische Fragen in der Behandlung der wissenschaftlichen Instrumente, besonders in der Handhabung des Drachen- und Ballondienstes auf See, waren hierbei zunächst zu lösen. Das Meteorologische Tagebuch, Bd. II „Aerologie", gibt einen allgemeinen Überblick über die wissenschaftliche Tätigkeit des Kommandos.

Ein hohes Verdienst hat sich der Kommandant S. M. S. „Planet", Kapitänleutnant Lebahn, um die Leitung der Expedition erworben; ihm gebührt ein Hauptanteil an den Erfolgen. Leider sollte ihm die Beteiligung an der Zusammenstellung der wissenschaftlichen Arbeiten versagt bleiben, da er auf der Rückreise bald nach seiner Ablösung in Colombo durch einen jähen Tod seinem Beruf entrissen wurde. Das Reisewerk, insbesondere die Reisebeschreibung, hat hierdurch empfindlich gelitten.

Die Bearbeitung des Materials ist im Sommer 1907 bezw. 1908, je nach Rückkehr der einzelnen Expeditionsmitglieder in die Heimat, in die Wege geleitet worden.

Den Herren, sowie den wissenschaftlichen Instituten, welche bereitwilligst die Auswertung der Ergebnisse direkt übernommen oder mit ihren verfügbaren Mitteln an Personal und Arbeitsräumen hilfreich unterstützt haben, ferner den Herren, welche die wissenschaftliche Vorbildung der einzelnen Expeditionsmitglieder vor der Ausreise des Schiffes ermöglicht und geleitet haben, sei an dieser Stelle aufrichtiger Dank ausgesprochen. In der Einleitung sowie in den einzelnen Bänden des Werkes wird der Namen Erwähnung getan.

Das gesamte Werk umfasst 5 Bände und ist im Nautischen Departement redigiert.

Berlin, im Januar 1909.

Einleitung.

Nachdem S. M. S. „Planet" als Ersatz für das aus der Südsee im Jahre 1905 zurückgezogene Vermessungsschiff „Möwe" bestimmt war, bot sich Gelegenheit, die 1906 festgesetzte Ausreise des Schiffes für wissenschaftliche Forschungen auszunutzen und demgemäss das Schiff mit entsprechenden Aufgaben zu betrauen.

Als Arbeitsgebiete kamen die Ozeanographie und Meteorologie in Betracht; ausserdem sollten stereophotogrammetrische Wellenmessungen vorgenommen werden.

Für die Arbeiten auf dem Gebiet der Meereskunde wurde ein Instrumentarium beschafft zu Beobachtungen über
 a) die Morphologie des Meeresbodens (Form und Beschaffenheit),
 b) die physikalisch-chemischen Eigenschaften (Temperatur, Salz- und Gasgehalt in den einzelnen Tiefenschichten, sowie Durchsichtigkeit und Farbe der Oberfläche des Meeres),
 c) die biologischen Faktoren (Nährstoffe des Meeres, Stickstoffverbindungen, Art, Menge und Verteilung des Planktons und Bakterienreichtum des Meeres, insbesondere stickstoffzerstörende Bakterienarten).

An der Erforschung der Weltmeere haben sich in den letzten Jahrzehnten fast alle Kulturvölker beteiligt. Die Expedition des „Challenger" 1872/76, „Albatross", „Vitiaz", „Ingolf", „Siboga", „Sealark" u. a. m. legen hiervon Zeugnis ab. Deutschland entsandte Expeditionen auf der „Gazelle" 1874/76, „National" 1889, „Valdivia" 1898/99 und „Gauss" 1901/03*). In gemeinsamer Tätigkeit betreiben Deutschland, England, Russland mit Finnland, Dänemark, Holland, Norwegen, Schweden und Belgien die Erforschung der nordeuropäischen Meere seit 1902. Zu diesem Zweck finden jährlich 4 Terminfahrten statt, für welche der Forschungsdampfer „Poseidon" vom Reichsamt des Innern erbaut ist. Den Fahrten des Fürsten von Monaco, die 1885 auf seiner Jacht „Hirondelle" begonnen wurden und zurzeit auf der Jacht „Princesse Alice" fortgesetzt werden, verdankt die Wissenschaft wichtige Aufschlüsse über die Zirkulation und die Fauna des Meeres. Erwähnt seien seine Studien im Golfstrom, in welchem etwa 1700 Schwimmer mit Fragebogen ausgesetzt wurden, von denen über 100 mit Antworten zurückgelangten. Bemerkenswert sind auch die Forschungen über die Lebensbedingungen der vielen Fischgattungen, welche den einzelnen Tiefenschichten des Meeres eigen sind. Der Nachweis von Fischen, die das in grossen Tiefen fehlende Sonnenlicht durch eigene Leuchtorgane ersetzen, die sie je nach Bedarf in Tätigkeit treten lassen, muss berechtigtes Interesse erwecken.

Die Forschungen über die Morphologie des Meeresbodens und die Temperaturverhältnisse der Meerestiefen haben bereits feste Formen angenommen, die Studien über Salz- und Gasgehalt haben reichliches Material geschaffen. Der Untersuchung des Plankton verdankt die Wissenschaft wichtige Aufschlüsse über Ernährung der grösseren Tierwelt und über die Strömungen des Meeres.

---
*) S. Juli - Beiheft der Marine - Rundschau 1907, „Deutschlands Anteil an der geographischen Erforschung der Meere" von Prof. Dr. Schott.

Einleitung

„Planet" konnte also auf ozeanographischem Gebiet an ältere Erfahrungen anschliessen, auf vorhandenen Grundlagen arbeiten.

Auf m e t e o r o l o g i s c h e m Gebiet kam die Erforschung der höheren Luftschichten über dem Wasser mit Ballons und Drachen in Frage. Hier lag nur wenig Material vor. Ein geregelter Beobachtungsdienst zur Ergründung der physikalischen Eigenschaften der Hochatmosphäre hatte bisher nur auf L a n d s t a t i o n e n stattgefunden, auf den aeronautischen Observatorien und Drachenstationen der einzelnen Länder, sowie auf verschiedenen Stationen der Internationalen Kommission für wissenschaftliche Luftschiffahrt*) — Vorsitzender Geh. Regierungsrat P r o f. Dr. H e r g e s e l l aus Strassburg — die im Jahre 1896 in Paris gegründet war. In grösserem Massstab ausgeführte Forschungen mit Drachen und Registrierballons a u f d e m W a s s e r stammen jedoch erst aus den Jahren 1904 und 1905. Sie waren vorgenommen von Prof. Hergesell auf der Jacht des Fürsten von Monaco im Mittelmeer und Atlantischen Ozean, sowie den Herren Teisserenc de Bort und Rotch auf der Jacht „Otaria" gleichfalls im Nord-Atlantischen Ozean. Zu Drachenaufstiegen war im Jahre 1904 Prof. Hergesell von Sr. Majestät dem Kaiser das Begleitboot „Sleipner" zur Verfügung gestellt worden.

Das Gebiet über dem Süd-Atlantischen, Indischen und Stillen Ozean war gänzlich unerforscht.

So standen „Planet" nur wenig Erfahrungen zur Seite, dazu waren die Beobachtungsmethoden sowie die Technik der Instrumente noch in der Entwicklung. Die Versuche mit Registrierballons auf See hatten ergeben, dass es nötig war, einen Ballon des aus 2 Ballons bestehenden Gespanns zu einem bestimmten Zeitpunkt zu entleeren oder abzuwerfen, um den anderen Ballon mit dem Instrument zum Sinken zu bringen. Eine brauchbare Öffnungs- oder Abwurfvorrichtung war jedoch noch nicht konstruiert. So war „Planet" also auch in dieser Hinsicht auf sich allein angewiesen.

Die s t e r e o p h o t o g r a m m e t r i s c h e Wellenmessung, ozeanographisch und schiffbaulich von Interesse, soll Form, Gestaltung und Ausdehnung der Meereswellen zahlenmässig feststellen. Die früheren übertriebenen Anschauungen über die Höhe der Meereswellen sind zwar bereits durch die direkten Beobachtungen soweit modifiziert, dass man eine Maximalhöhe von etwa 14 m als ziemlich sicher annehmen kann, aber über die wirklich vorkommenden Formen der Ozeanwellen, den Zusammenhang zwischen Höhe, Länge und Geschwindigkeiten waren durch diese Methoden keine Beobachtungen zu erlangen, die eine Nachprüfung der Theorie gestatteten. Versuche in dieser Hinsicht hat Admiralitätsrat P r o f. Dr. K o h l s c h ü t t e r im Jahre 1904 an Bord S. M. S. „Hyäne" in der Kieler Förde angestellt. Weiter hat P r o f. L a a s auf einer Reise nach Chile an Bord des Fünfmastschiffes „Preussen" im Jahre 1905 eine Reihe stereophotogrammetrischer Wellenaufnahmen gemacht und durch Ausmessung der Platten auf dem Stereokomparator wichtige Aufschlüsse erhalten**).

Im Schiffbau soll die Wellenmessung bei der Errechnung der Stärke von Schiffsverbänden verwertet werden.

„Planet" erhielt für diese Arbeiten 2 Phototheodolite für Aufnahmen und 1 Stereokomparator zum Ausmessen der Platten von der Firma C. Zeiss konstruiert nach Dr. Pulfrich, an Bord überwiesen. Die Apparate sollten ausserdem später für Küstenvermessung Verwertung finden.

---

*) S. Karte „Reiseweg Planet". Reisebeschreibung.

**) „Photographische Messung der Meereswellen", von W. Laas. Zeitschr. des Vereins deutscher Ingenieure. 1905.

Die gesamte ozeanographische und meteorologische Ausrüstung wurde von der Deutschen Seewarte, die Ausrüstung für die biologischen Arbeiten von dem Zoologischen Institut der Universität Kiel, die photogrammetrische von dem Nautischen Departement beschafft.

Im einzelnen setzt sich die wissenschaftliche Ausrüstung wie folgt zusammen:

A. Ozeanographische Ausrüstung.

1. Zu Tiefseelotungen.

1 Sigsbee-Lotmaschine
1 Lucas-Lotmaschine für 5000 Faden
1 Lucas-Lotmaschine für 400 Faden
1 Reservezählwerk zur Lotmaschine
10 Bachmannsche Schlammröhren in Längen von 100, 50 und 30 cm, Durchmesser 2 und 1½ cm
2 Stempel für Schlammröhren
5 Sigsbee-Lotröhren mit Kugelventil
5 Lotspindeln (Modell London) mit Kugelventil
2 Rendle-Lotröhren
100 Sinkgewichte à 25 kg
50 Sinkgewichte à 15 kg
102,4 kg Pat.-Gussstahldraht von 0,9 und 0,8 mm Durchmesser (ca. 24 000 m)
1 Monaco-Grundzange
6 Maximum-Minimum-Thermometer
5 Sigsbee-Wasserschöpfer
90 Glasröhren zum Aufheben der Schlammproben in Längen von ½ und 1 m, Durchmesser 23 mm
1 Flachzange ⎫
1 Drahtzange ⎬ zur Splissung des Lotdrahts
1 Beisszange ⎪
1 Bündel Blumendraht ⎭
1 Emailletrichter zum Entnehmen der Wasserproben aus dem Sigsbee-Wasserschöpfer
1 Dose Kurbelfett sowie Schweinefett zur Konservierung des Drahtes
100 m verzinkter Eisendraht zum Befestigen der Sinkgewichte
5 kg Putzlappen

2. Zu Serienbestimmungen.

1 Heisstrommel mit Dampfmaschine
4500 m Gussstahldrahtlitze (Durchmesser 3,0 und 2,5 mm)
1 Federakkumulator zum Ausgleich der Schiffsbewegungen mit Laufrolle
1 Reservezählwerk zur Heisstrommel
2 Pettersson-Nansen-Wasserschöpfer nebst 2 Innen-Thermometern
1 Wasserschöpfer nach Krümmel
1 Tiefseemanometer
9 Tiefsee-Umkipp-Thermometer von Richter, Berlin
2 Kipprahmen mit Propeller-Auslösung
4 Kipp-Thermometer (Negretti Zambra) nebst Rahmen

36 Flaschen mit Patentverschluss à ½ Liter, zur Entnahme der Wasserproben zur Salzgehaltsbestimmung
30 Flaschen mit Glasstöpseln à 250 g, zur Entnahme der Wasserproben für Sauerstoffbestimmung (die Flaschen in Kästen mit Fächern)
150 Glasröhren, evakuiert und sterilisiert, à 150 ccm zum Einschmelzen von Wasserproben für Gasbestimmungen
1 Glasschere zum Abschneiden der Röhren
1 Sichtigkeitsscheibe

3. Für Oberflächenbestimmungen.

1 Forel-Farbenskala
2 Normal-Thermometer in $^1/_{10}$°-Teilung
3 Marine-Thermometer in 1°-Teilung ⎱ in Holzfassung
2 Thermometer in ½°-Teilung ⎰

4. Einrichtung des Laboratoriums im Zeichensaal.

3 Aräometersätze ⎫ zur spez.
1 Schlingertisch ⎬ Gewichtsbestimmung
3 Zylindergläser ⎭
3 Büretten nach Knudsen ⎱ zur
4 Hahnpipetten nach Knudsen ⎰ Chlortitrierung
1 Gaswaschflasche
1 Stativ
2 Woulffsche Flaschen
3 Flaschen (gelb à 5 l) ⎬ Zur Chlortitrierung
3 Wassergläser
2 Bürettenhalter
16 Vollpipetten
2 Büretten mit Hahn in $^1/_{10}$°-Teilung ⎫ Zur titri-
2 Büretten mit Bürsten ⎪ metrischen
1 Stativ ⎬ Sauerstoff-
1 Pipettenständer ⎪ bestimmung
9 Messkolben (1000, 500 und 100 ccm) ⎭
1 Hornschalenwage
1 Gewichtssatz
1 Apparat zur volumetrischen Gasanalyse (nebst Hievevorrichtung für das Quecksilbergefäss, Thermometer und Spirituslampe)
22 kg Quecksilber ⎫
Kupferdraht ⎬ zum Gasapparat
½ qm Kupfergewebe ⎭

2 Quetschhähne
1,492 kg salpetersaures Silber (in Mengen von 373 g)
2 Ballon aqua destillata
100 g chromsaures Kali } Zur Chlortitrierung

1 kg unterschwefligsaures Natrium
500 g Manganchlorür
200 g Jodkalium
50 g jodsaures Kalium (in abgewogenen Mengen eingeschmolzen)
5 kg rauchende Salzsäure
50 g Stärke } Zur titrimetrischen Sauerstoffbestimmung

1 kg Natriumhydroxyd
1 kg Kalilauge
1 kg Ammoniak
1 kg Ammoniumbicarbonat } Zum Gasapparat

5. Verschiedenes.

1 Spiritusbunsenbrenner nebst 1 Spiritusgebläselampe, 15 l Spiritus

1 Korkbohrer, 1 Sortiment Korke
185 g Gummistopfen, 100 g Paraffin
1 Trichter aus Porzellan, 1 Glasschneidemesser
3 kg Biegeröhren und Glasstäbe
1 Schraubenzieher, 3 eiserne Drahtnetze
2 Dreifüsse
12 Erlenmeyer-Kolben
32 Flaschen verschiedener Grösse
12 Quetschhähne
1 Feile (Dreikant)
2 Messzylinder, 4 Klemmen
4 Porzellanschalen
Gummischlauch-Sortiment
500 Bogen Filtrierpapier
1 Sortiment Schrauben
2 Fettstifte, 1 kg Äther
6 Handtücher
6 Wischtücher } für chemische Arbeiten
10 Oktavhefte
11 Quadrathefte, 3 Foliobücher

6. Bücher.

The Danish Ingolf Expedition (Vol. I).
Siboga-Expedition, Bd. I, II, III.
Valdivia-Expedition, Bd. I, Schott Ozeanographie.
2 Knudsen, Hydrographische Tabellen mit Anhang.
Richthofen, Frhr. v., Führer für Forschungsreisende.
Schott, Wissenschaftliche Ergebnisse einer Forschungreise zur See 1891/92.
Chun, Aus den Tiefen des Weltmeeres.
Veröffentlichungen des Instituts für Meereskunde, Bd. I, II und V.
Krümmel, Handbuch der Ozeanographie, Bd. II.
Hann, Die Erde, ihre Atmosphäre und Hydrosphäre.
Krümmel, Der Ozean.
Jelinek, Anleitung zur Ausführung meteorologischer Beobachtungen, Teil I.
Supan, Grundzüge der physischen Erdkunde.
Kohlrausch, Lehrbuch der praktischen Physik.
Neumayer, Anleitung zu wissenschaftlichen Beobachtungen auf Reisen, 2. Aufl., 2 Bde.
Deutsche Südpolar-Expedition, Bd. I, Heft 1.
Adm. Ch. 2935, 2936, 2937, Ozean-Soundings.
List of Oceanic Depths 1898, 1899, 1900, 1901, 1902, 1903, 1904.
Carte générale bathymétrique des Océans (du Prince de Monaco).
Tanner, Deep Sea Expedition (in Fish Commission Bulletin), Vol. XIII, 1896.
Logarithmen und Antilogarithmen.
Hempel, Gasanalytische Methoden.
Mohr, Analytische chemische Titriermethoden.
Krümmel, Geophysikalische Beobachtungen der Plankton-Expedition.
Petermanns Mitteilungen, 1899, Heft 8.
Natterer, Tiefseeforschung im Marmara-Meer.
Schott, Weltkarte der Meeresströmungen, 2. Aufl.

B. Biologisch-chemische Ausrüstung.

1. Zu Plankton-Arbeiten.

2 mittlere Planktonnetze aus Gaze, No. 20, mit Schliessapparat und Fallgewicht
2 Reservenetzbezüge

1 grosser Kätscher aus Stramin mit Bambusstock
1 Beutelnetz (Helgoländer)
2 Flaggleinen, 220 m lang, 1 Flaggleine, 120 m lang
1 Sinkgewicht zum Beschweren des Netzes

1 Rolle aus Holz zum Aufwickeln der Leinen
1 Block zum Fieren der Leine
1 Schlagpütze, 1 Schöpfkelle, 1 Schraubenzieher, 1 Spritzflasche
4 Filtriergestelle mit Gaze No. 20 und Taftseide
10 Reservebezüge dazu aus Gaze No. 20
10 Reservebezüge dazu aus Taftseide
5 25 Liter-Korbflaschen, 3 grosse Glastrichter
20 Schleicher-Schüllsche Filter
50 niedrige Erlenmeyerkolben
50 flache Doppelschalen, 50 und 30 mm lichte Weite
75 Zentrifugengläser, **1 Zentrifuge**
5 Reagierkelche
1 Holzgestell dazu auf dem Arbeitstisch befestigt
1 Mikroskop von Leitz
1 Präparierlupe von Leitz
Klemmen zum Festschrauben der Instrumente
1 Zeichenokular, 1 Okularmikrometer
1 verstellbares Zeichenbrett
5 Präpariernadeln, 2 Präparierspatel
10 Objektträger mit Vertiefung
2 Zählplatten (2 mm □-Teilung)
5 Pipetten mit Gummisauger-Verschluss
2 kg Glasröhren, 2 kg Glasstäbe
1000 Objektträger, 500 Deckgläschen
2000 Schutzleisten für Objektträger
300 Planktongläser, 21 × 90 mm gross
300 Planktongläser, 17 × 75 mm gross
300 Planktongläser, 13 × 65 mm gross
300 Planktongläser, 8 × 35 mm gross
300 Korke verschiedener Grösse
50 Glashäfen verschiedener Grösse
50 Pulvergläser verschiedener Grösse
150 Flaschen verschiedener Grösse
Zeichen-, Notizblöcke, Quarthefte, Mappen, Farbstifte, Wasserfarben

2. Zu zoologischen Arbeiten.

2 glatte Dredgen
Eine Anzahl Fischpülken nebst Angelschnur
2 Fischreusen
1 eiserner Rechen, 1 Korallenstecher
2 grosse Holzstoffschalen
1 Emaille-Eimer, 1 Korb
1 achromatische Lupe
1 Knochenschere von Liston
1 grosse Pinzette, 2 Knorpelmesser
2 Glasaquarien, 25 × 30 × 40 cm
50 Präparategläser, 35 × 90 mm gross, verschiedene Glaszylinder mit eingeschliffenen Stopfen
40 Tafeln Watte, 50 m Nesselleinen, 2 kg Stanniolfolie
100 Bogen Filtrierpapier
100 l Alkohol, 10 l Formalin
2 Flaschen Japan gold size
200 g Gummilösung für Planktonnetze
10 Rollen Zinkblech, je 2 m lang, 2 kg Schnellot

3. Zu bakteriologischen Arbeiten.

1 elektrischer Sterilisationsapparat
1 Dampfsterilisationsapparat
1 Drahteinsatz in den Sterilisationsapparat
1 Brutschrank aus Zinkblech, 6 Zinkblecheinsätze dazu
1 gusseiserner Topf mit Asbesttafeleinlagen
1 grosse, 7 mm dicke Glasplatte auf dem Arbeitstisch
1 Reagenzglasgestell
2 Platinöfen, 1 Schlingertisch
2 kleine Pinzetten, 1 kleine Schere, 1 Irrigator, 1 flacher Glashafen, 1 Gewichtssatz
Mehrere Porzellan- und Glastrichter
10 Vollpipetten zu 0,2 ccm, 10 Vollpipetten zu 0,5 ccm
10 Vollpipetten zu 1,0 ccm, 2 Messpipetten zu 10,0 ccm
75 Petrischalen
400 Reagenzgläser, 20 × 150 mm
200 Reagenzgläser, 14 × 150 mm
5 Erlenmeyer-Kolben zu 250 ccm
5 Messzylinder bis 100 ccm
2 Porzellanplatten mit Vertiefungen
Je 10 Kulturgläschen, zugeschmolzen mit konzentrierten Nährlösungen
    zur Bereitung von Muschelbouillon
    zur Bereitung von Nährlösung für verschiedene denitrifizierende Bakterien
    zur Bereitung von Grans Nährlösung
    zur Bereitung einer Nährlösung als Ersatz für Muschelbouillon
    zur Bereitung einer modifizierten Granschen Lösung
Je 10 Kulturgläschen, zugeschmolzen mit festem Nährbodenmaterial zur Züchtung denitrifizierender Bakterien
200 g Reisstärke, 200 g Pepton, 100 g Kalziumzitrat
100 g Kalziumnitrat, 50 g Magnesiumsulfat, 10 g Monokaliumphosphat
200 g Kaliumkarbonat, 200 g Nährstoff Heyden, 200 g Nutrose
200 g Traubenzucker, 100 g Monnit, 100 g Kaliumnitrat, 1000 g Agar
3000 g Gelatine, 20 g Diphenylamin, 100 g Kaliumjodat, 200 g Paraffin
Lackmuspapier, 2 kleine Bücher
500 g Schwefelsäure (5 × 100 g), 600 g Salzsäure (3 × 200 g)
200 g Karbolsäure, kristallisiert, 2000 g gewöhnliche Watte
200 Bogen Filtrierpapier, 200 g Xylol, 500 g Nelkenöl (5 × 100 g)
200 g Kamadabalsam (4 × 50 g), 5 Ölstifte
Ein kleiner Vorrat der gebräuchlichsten Anilinfarbstoffe
10 Etikette-Blocks verschiedener Grösse

XIV Einleitung

4. Stickstoffuntersuchungen.

4 Liebigsche Kühler, 6 Liebigsche Kühlerröhren
10 Kugeldestillieransätze, 10 Vorstösse, 10 Chlorkalziumröhrchen
4 Paar Hehnersche Zylinder, 12 Spiegelglasscheibchen dazu
12 Bechergläser zu 100 ccm, 20 Reagenzgläser, 15×150 mm
2 Spritzflaschen mit Gummigebläse, 2 Porzellanplatten
100 Kochflaschen zu 100 g, 100 Kochflaschen zu 200 g
3 Büretten mit Glashahn, 1 Kobaltflasche
3 Spirituslampen, 3 Messkolben zu je 1 l
120 Flaschen zu 300 g mit eingeschliffenen Glasstopfen
3 Messzylinder zu 100,0 g, 2 Messpipetten zu 10,0 g
2 Glasstäbe, 3 Stative, 1 Bürettenhalter
2 Kühlenklemmen, 2 Doppelmuffen, 2 Dreifüsse
1 Wasserdestillationsapparat von Lautenschläger
1 elektrischer Heizapparat
1 Petroleum-Gaskocher „Ideal"
Pfropfen und Schläuche aus bestem Paragummi
2 qm Messingdrahtgewebe
2 Lichtschutzhüllen aus Pappe für die Hehnerschen Zylinder
3 kleine Quetschhähne
0,5 kg Kupferdraht, 200 Bogen Filtrierpapier
3 rote Ölstifte, 1 kg Aluminiumband
4 Stangen schwarzer Siegellack

20 Bogen Pergamentpapier, 6 Bursten (für Flaschen)
1 Dutzend Wischtücher, 1000 g Magnesiumoxyd
500 g Quecksilberchlorid, 300 g Quecksilber
300 g Salzsäure (3×100 g), 1000 g Kalilauge (5×200 g)
2000 ccm Nesslers Reagenz, 50 g Chlorammonium
1000 g Schwefelsäure (5×200 g)
Bimsstein in Stücken 200 g
200 g Essigsäure, 30 l Brennspiritus in Korbflaschen
50 l Petroleum in Tanks
1 Holzkiste mit Einsatz für Flaschen

5. Zur Konservierung von Kieselsäure-Wasserproben.

20 Flaschen aus Zinkblech zu je etwa 3 l
1 Trichter aus Zinkblech
25 Schleicher-Schüllsche Filter

6. Zur Untersuchung der Bodenproben.

1 Glaskasten mit Glasplatte zum Sedimentieren
1500 Objektträger, 100 g Salzsäure
100 g Zedernöl, 200 g Äther

Bücher.

Wissenschaftliche Meeresuntersuchungen, herausgegeben von der Kommission zur Untersuchung der deutschen Meere in Kiel und der Biologischen Anstalt auf Helgoland

C. Aerologische Ausrüstung.

1. Instrumente.

1 Motor-Drachenwinde mit Zubehör
1 Elektromotor und Anlasser nebst Reserveanker, Bürsten und Rohhauttrieb
1 Thermograph von Bosch
1 Hygrograph von Sass
1 Aspirationspsychrometer von Fuess nebst Zubehör
2 Paar-Hygrometer nach Steffens
1 Pendelquadrant
2 Handrollen für Drachenaufstiege
1 Bock zu der einen Handrolle
9 Drachenmeteorographen (Baro-Thermo-Hygrographen) von Bosch in Korkkästen, dazu 6 Anemometer und 3 Reserveuhren
Drachenmeteorograph von Kusnetzow
Luftpumpe mit Manometer und Glasglocke
Glasskala
Zerstäuber mit Gebläse
Skalenwage

2. Material.

30 Drachen, gebaut auf der Drachenstation der deutschen Seewarte
18 grosse Ballons, 1,5 m Durchmesser
30 kleine Ballons, 0,5 m Durchmesser
8 Spulen Gusstahl-Klaviersaitendraht, davon 2 à 0,9 mm, 3 à 0,8 mm und 3 à 0,7 mm
39 Fissen und 15 Knäuel Schnur für Drachen
100 Blatt Aluminiumfolie
500 Blatt Registrierpapier, Journal-Formulare
25 Kauschen
20 m Gummikordel
1 kg Kollodium
1 kg Bernsteinlack
1 kg Fixativ, Lichtpauspapier
Pinsel und Schwämme
5 Bündel Reservehaare für Hygrometer
2 Blechkästen (Schwimmer)
3 Fläschchen Registriertinte

3. Handwerkszeug.

1 Bügel für Metallsägen, 12 Sägeblätter
1 Pfriem mit Heft, 2 Flachzangen
1 Rundzange, 1 Feilkloben
1 Schraubenzieher, 1 Kneifzange
2 Zollstöcke, 1 Meter, ½ Meter
1 Schiebeleere
1 Satz Stecheisen
6 Hefte, 1 Winkel, 2 Flachfeilen
1 Abziehstein, 1 Schere
1 Bohrwinde
1 Beisszange, 1 Ziehklinke

4. Bücher.

Assmann u. Hergesell, Beiträge zur Physik der freien Atmosphäre, Bd. 1.
Jelineks Psychrometertafel.
Jelineks Anleitung zu meteorologischen Beobachtungen, II. Teil.
Köppen, Maritime Meteorologie.
Moedebeck, Taschenbuch für Flugtechniker.
Hann, Klimatologie, 3 Bde.
W. M. Davis, Elementary Meteorology.
Köppen, Bericht über Erforschung der freien Atmosphäre mit Hülfe von Drachen.

D. Stereophotogrammetrische Ausrüstung.

2 Phototheodolite, von C. Zeiss, Jena, konstruiert nach Dr. Pulfrich, Plattenformat 12×30 cm, f = 240 mm mit Einrichtungen für die während der Fahrt ausführbare Justierung der beiden Kameras (Platten in einer Ebene) und für die gleichzeitige elektrische Auslösung der Momentverschlüsse beider Apparate.
1 Stereokomparator, Modell C, von C. Zeiss, eingerichtet für 2 Plattenpaare (12×30 cm) zum Zwecke des bequemen Anschlusses benachbarter stereophotogrammetrischer Küstenaufnahmen.
1 Zeichenbrett nebst 2 Linealen und 1 Dreieck für die Ausmessung der Platten.
2 hohe Stative für Küstenaufnahmen.
2 kleine Stative für Wellenaufnahmen.
1 Zielapparat auf der Kommandobrücke zur Einsteuerung in die gewünschte Visierlinie.
1 elektrische Batterie mit Leitungsdraht für die Auslösung der Momentverschlüsse.
1 Apparat zur Feststellung des Augenabstandes.
1 Stereoskop nebst Stereomikrometer und 8 Prüfungstafeln für die Betrachtung von Stereoskopbildern behufs Prüfung auf stereoskopisches Sehen und zur Demonstration des stereoskopischen Messverfahrens.

S. M. S. „Planet" wurde am 16. November 1905 in Dienst gestellt. Die Hauptangaben über das Schiff, das auf der Weser-Werft A.-G. bei Bremen erbaut ist, sind kurz folgende: Deplacement 650 t, Länge 49 m, Breite 9,8 m, Tiefgang 3,3 m, 2 Maschinen mit 360 HP, Geschwindigkeit 9,5 sm. Bei einer Kohlenfassung von 125 t hat das Schiff für 7 sm Fahrt einen Aktionsradius von 3700 sm, für 9,5 sm einen solchen von 2400 sm; 2 Pfahlmasten mit Schratsegeln, 2 Kraftfahrzeuge.

Auf gute luftige Räume war im Hinblick auf die Verwendung des Schiffes in den Tropen besonders Gewicht gelegt. Der grosse Zeichensaal an Deck sollte zunächst als Laboratorium für wissenschaftliche Arbeiten dienen und wurde dementsprechend eingerichtet.

Der Besatzungsetat betrug 6 Offiziere, 4 Deckoffiziere, 81 Unteroffiziere, Matrosen, Heizer, Handwerker.

Der Stab setzte sich zusammen:

Kommandant: Kapitänleutnant L e b a h n, Leiter der Expedition;
I. Offizier: Kapitänleutnant M ü n d e l, seemännischer Aussendienst bei den ozeanographischen Arbeiten;
Wachoffizier: Oberleutnant zur See K e l l e r m a n n, Stereophotogrammetrie,
„ Oberleutnant zur See S c h w e p p e, Aerologie;
Schiffsarzt: Marine-Oberassistenzarzt Dr. G r ä f, wissenschaftliche Bearbeitung der biologischen Ergebnisse der Ozeanographie;

Assistent der Deutschen Seewarte: Dr. B r e n n e c k e, fachwissenschaftliche ozeanographische Arbeiten;
Ober-Zahlmeister S e g e b e r g;
Obermaschinist Z i e r a u.
Ausserdem nahm an der Reise bis nach Matupi teil: der Marine-Oberstabsarzt Prof. Dr. K r ä m e r zur Vornahme ethnologischer Studien.
Die notwendige Vorbildung der einzelnen Persönlichkeiten war in die Wege geleitet worden.
Der Kommandant erhielt Gelegenheit, sich hauptsächlich auf der Deutschen Seewarte im allgemeinen über die verschiedenen Disziplinen zu unterrichten, nahm zu dem Zweck auch an einer Fahrt des Forschungsdampfers „Poseidon" teil, wozu das Reichsamt des Innern bereitwilligst die Erlaubnis erteilt hatte.
Dr. Brennecke stand auf der Deutschen Seewarte die Erfahrung des Ozeanographen der „Valdivia"-Expedition, P r o f. Dr. S c h o t t, für alle vorbereitenden Arbeiten zur Verfügung; über die chemischen Methoden informierte er sich in dem von P r o f. Dr. K r ü m m e l in Kiel geleiteten hydrographischen Laboratorium der Internationalen Meeresforschung.
Oberleutnant zur See Schweppe wurde zur Seewarte — Meteorologische Abteilung, Admiralitätsrat P r o f. Dr. K ö p p e n — und für kürzere Zeit an das meteorologische Institut in Strassburg—Direktor P r o f. H e r g e s e l l — kommandiert, um die Methode der Behandlung der Registrierinstrumente für Drachen und Registrierballons kennen zu lernen.
Oberleutnant zur See Kellermann wurde bei dem Nautischen Departement vorgebildet.
Marine-Oberassistenzarzt Dr. Gräf erhielt Gelegenheit, sich an der biologischen Anstalt auf Helgoland — Direktor P r o f. H e i n c k e — über die hauptsächlichsten Planktonformen sowie an der Zoologischen Station in Neapel — Geheimrat P r o f. Dr. D o h r n — über Fang und Konservierung von Meerestieren zu informieren. Am Laboratorium für internationale Meeresforschung — (Biologische Abteilung) P r o f. Dr. B r a n d t — wurde er speziell ausgebildet für die biologischen Arbeiten auf S. M. S. „Planet" (Stickstoffuntersuchungen des Meereswassers und bakteriologische Arbeiten).
Zur Prüfung der wissenschaftlichen Ausrüstung wurden 2 mehrtägige Versuchsfahrten unternommen, die eine zur Erprobung der meteorologischen, die andere zur Erprobung der ozeanographischen Ausrüstung.
An den Fahrten nahmen teil Vertreter des Reichs-Marine-Amts, der Schiffs-Prüfungskommission sowie der Deutschen Seewarte, an der erstgenannten Fahrt ausserdem noch Prof. Hergesell.
Die Fahrten ergaben ein durchaus zufriedenstellendes Resultat; die wissenschaftlichen Einrichtungen sowie auch die Seeeigenschaften des Schiffes waren gute.
Die Erprobung der photogrammetrischen Ausrüstung konnte wegen Mangels an Zeit und Ungunst der Witterung leider nicht in dem geplanten Umfange durchgeführt werden und musste sich auf einige wenige Versuche beschränken.
Am 20. Januar 1906 war S.M. S. „Planet" soweit klar, dass er die Ausreise antreten konnte, für welche die Allerhöchste Kabinetts-Ordre vom 4. November 1905 bereits Anweisungen erlassen hatte.
Die Allerhöchste Kabinetts-Ordre lautete:
„Das Kommando der Marinestation der Ostsee erhält folgende Segelordre für Mein Vermessungsschiff „Planet";
1. Mein Vermessungsschiff „Planet" hat nach Erledigung der Probefahrten, sowie der Erprobungen mit den wissenschaftlichen Instrumenten die Ausreise nach dem Vermessungsgebiet in der Südsee anzutreten.

2. Während der Ausreise sollen geographische und meteorologische Forschungen im grösseren Umfange nach näheren vom Reichskanzler (Reichs-Marine-Amt) direkt zu gebenden Anweisungen ausgeführt werden. Auch nach dem Eintreffen in der Südsee sind gelegentliche Kreuzfahrten zum Zwecke wissenschaftlicher Untersuchungen auszuführen.

3. Um zu den gewünschten wissenschaftlichen Resultaten zu gelangen, ist der Reiseweg um das Kap der guten Hoffnung über Colombo nach der Südsee zu wählen, derart, dass nach Möglichkeit unerforschtes Gebiet aufgesucht wird. Grosser Wert soll auf die Erforschung der Strömungen pp. in den oberen Luftschichten gelegt und, zu diesem Zweck, wenn möglich, ein Vorstoss von Kapstadt nach Süden, eventuell bis zu den Bouvet-Inseln, ausgeführt werden.

4. Das Kommando der Marinestation der Ostsee hat Mir nach Vereinbarung mit dem Reichskanzler (Reichs-Marine-Amt) einen Reiseplan vorzulegen und den Tag der Abfahrt, der jedoch nicht von der Genehmigung des Planes abhängig sein soll, sowie die zum Kohlen- und Proviantnehmen erforderlichen Zwischenhäfen zu bestimmen.

5. Die Befehle für den Kriegsfall werden dem Kommandanten durch den Chef des Admiralstabes der Marine zugehen."

Neues Palais, den 4. November 1905.

Nach Ankunft im Vermessungsgebiet der Südsee war zunächst eine Pause in der wissenschaftlichen Tätigkeit des Schiffes vorgesehen. Die Vermessung sollte in ihre Rechte treten und hierbei auch erprobt werden, ob sich das stereophotogrammetrische Verfahren zur Verwendung bei der Küstenaufnahme eignet. Darauf sollte das Schiff docken; da die Reise nach dem Reparaturhafen wieder zu wissenschaftlichen Forschungen ausgenutzt werden konnte und das Gebiet östlich der Philippinen in dieser Hinsicht besonderes Interesse bot, so wurde als Reiseziel Hongkong gewählt und für die Überfahrt dahin der für die Forschungen erstrebenswerte Reiseweg festgelegt.

In Matupi selbst fand Ende Dezember 1906 eine teilweise Ablösung des Stabes statt. Der neue Stab setzte sich danach folgendermassen zusammen:

Kommandant: Kapitänleutnant K u r t z, Leiter der Expedition;
1. Offizier: Kapitänleutnant S t e v e r, seemännischer Aussendienst bei den ozeanographischen Arbeiten;

Wachoffizier: Oberleutnant zur See Kurt Hermann;
„   Oberleutnant zur See Schlenzka, Aerologie;
Marine-Oberassistenzarzt Dr. Gräf, wissenschaftliche Bearbeitung der biologischen Ergebnisse der Ozeanographie;
Dr. Brennecke, fachwissenschaftliche ozeanographische Arbeiten;
Zahlmeister Nyhuis;
Obermaschinist Kraul.

Stereophotogrammetrische Arbeiten kamen auf der Reise nach Hongkong nicht in Frage, da die beiden Phototheodolite zur Reparatur nach der Heimat gesandt werden mussten.

Nach einem einmonatlichen Aufenthalt in Hongkong ist „Planet" nach der Südsee zurückgegangen. Daselbst in der Hauptsache mit Seevermessung beschäftigt, erschliesst er der Schiffahrt neue Gebiete und trägt bei zur Entwickelung einer jungen aufstrebenden Kolonie; die Wissenschaft bleibt seine Begleiterin und lässt ihn in gelegentlichen Forschungen fortsetzen, was unter ihrer Führung angefangen hatte, eine so lichtvolle Gestalt anzunehmen.

Bellevue-Brücke in Kiel.

Erstes Kapitel.

Im Nordatlantischen Ozean.

Es war ein klarer, kalter Wintermorgen, als S. M. S. „Planet", Kommandant Kapitänleutnant Lebahn, am 21. Januar 1906 früh um 8 Uhr aus dem Dock der Kaiserlichen Werft zu Kiel nach dem Hafen dampfte, um dann zwischen den Schiffen der Hochseeflotte hindurch seinen Weg zum Kaiser Wilhelm-Kanal zu suchen. Drei Hurras den scheidenden Kameraden herüber, und hinüber die Antwort, der einzige und letzte Scheidegruss, nach Seemannsart. Da waren wenig Neider unter den Nachblickenden, die das kleine Schiff hinausziehen sahen, mit der Bestimmung, die grossen Ozeane zu durchkreuzen. Aber die an Bord waren, freuten sich ihres Loses, in dem Bewusstsein, eine einzigartige Fahrt vor sich zu haben und auf dem „Planet" einen guten Teil unseres Planeten zu schauen, im Dienste des Kaisers und der Wissenschaft.

„Muss i denn, muss i denn zum Städtle hinaus" spielt die Bordkapelle S. M. S. „Wettin". „Wann i komm, wann i komm, wann i wieder komm" verklingt's von weitem. An Bord steht alles unter dem Eindruck „Voll Dampf voraus."

Die Kanalfahrt ist beendet, der Elblotse ist von Bord, er hat die letzte Post mitgenommen. Der frische Nord-West, der die Fahrt elbabwärts etwas erschwert hatte, flaute ab. — Bei gutem, klarem Wetter und ungestört verlief die Weiterfahrt durch die Nordsee und den englischen Kanal, bei teils herrlichen Naturerscheinungen, aus deren lichten Farben sich die schwarzen Silhuetten der Fahrzeuge scharf hervorhoben. In Ruhe konnte die Tätigkeit zu den bevorstehenden wissenschaftlichen Arbeiten organisiert werden. Von vornherein wurde ein ozeanographischer und meteorologischer Routinedienst eingerichtet für alle ohne Fahrtunterbrechung ausführbaren Beobachtungen.

Das Wetter wurde nach Passieren von Cherbourg schlechter; im Westen bezog sich der Himmel; langsam meldete sich die Ozeandünung an; sie wuchs bei weiterem Vordringen; immer stärker holte das Schiff vorn ein.

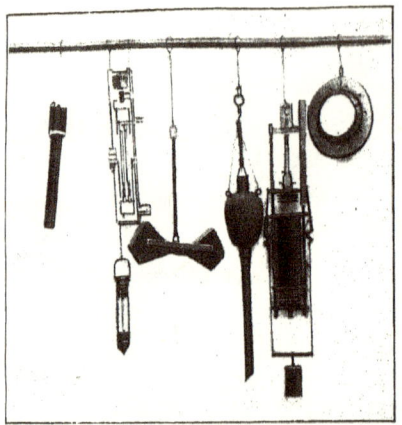

Ozeanographische Instrumente.
Von links nach rechts: Sigsbee-Wasserschöpfer. 2 Kipp-Thermometer nach Richter, darunter Maximum- und Minimum-Thermometer. Monaco-Grundzange. Lotspindel mit Sinkgewicht. Wasserschöpfer nach Pettersson. Tiefenmanometer nach Schäffer und Budenberg.

Zum Glück waren die leicht zerbrechlichen Teile der wissenschaftlichen Ausrüstung, dank den Vorkehrungen gegen „über Stag gehen" gut gestaut, so dass jetzt wie später nahezu nichts verloren ging.

Das Schiff kam verhältnismässig schnell vorwärts. Eine starke Nebelbank am Ausgang des Kanals konnte keine grössere Verzögerung bereiten, und so war bald Ouessant und damit die Biscaya erreicht. Als mit südlichem Kurse Segel gefahren wurden, hörten die Stampfbewegungen etwas auf; dafür setzten freilich die Schlingerbewegungen ein, da See und Dünung nunmehr seitlich einkamen.

Auf die an Bord vorhandenen Instrumente und Apparate soll hier nur kurz hingewiesen werden:*)

Zur Ausführung von Tiefsee-Lotungen sind 3 Lotmaschinen aufgestellt. Mit dem Lot werden hinuntergegeben eine Schlammröhre zur Gewinnung von Grundproben, ein Wasserschöpfer zur Erhaltung von Bodenwasser sowie ein Thermometer zum Messen der Bodentemperatur. Das Lot wird durch ein Sinkgewicht beschwert, das bei Berührung des Grundes ausgelöst wird und unten bleibt. Um Wasserproben und Temperaturen aus den verschiedenen Tiefenschichten zu erhalten, werden an einer starken, auf einer Trommel aufgewickelten Drahtlitze ein Wasserschöpfer grösseren Inhalts und 2 Thermometer (eins zur Kontrolle) herabgelassen. Diese „Serienbeobachtungen" sollen Aufschluss geben über die vertikale Verteilung der Temperatur, des Salzgehalts und der im Wasser enthaltenen Gase. Apparate zur Bestimmung der Farbe und Durchsichtigkeit des Meerwassers ergänzen die Ausrüstung.

Die systematischen, physikalisch-chemischen Untersuchungen umfassten vornehmlich die oberen 1000 bis 1500 m, den Hauptschauplatz der Wasserverschiebungen; tiefer hinunter wurde nur selten gegangen. Am genauesten wurden die Wasserschichten bis zu 400 m Tiefe untersucht, da gerade deren Temperatur, Zusammensetzung und Gasbeimengungen die grössten Unterschiede in den einzelnen Breitenzonen der Ozeane aufweisen.

Für die biologisch-bakteriologischen Arbeiten — Bestimmung der Menge und Verteilung des Planktons sowie des Bakteriengehalts des Meerwassers — sind Plankton- und noch feinere Fangnetze an Bord. Hierzu treten Dredgen und andere Fanggeräte für zoologische Zwecke. Die Erforschung der freien Atmosphäre über den Meeren geschieht mit Hilfe von Registrier-Instrumenten, die entweder mit Ballons oder Drachen hoch geschickt werden. Der Drachen bleibt durch dünnen Draht mit einer Drachenwinde in Verbindung. Wird mit zunehmender Länge der Draht für einen Drachen zu schwer, so werden zur Unterstützung in gewissen Abständen an der Leine Hilfsdrachen angebunden.

Die Beobachtung von Pilotballons — kleinen Ballons von etwa 1 m Durchmesser — gibt

---

*) Die Ausrüstung ist in der Einleitung und den einzelnen Bänden näher behandelt.

Aufschluss über Richtung und Stärke des Windes in den oberen Schichten. Diese Ballons werden ohne Instrument hochgelassen und gehen verloren.

Dem Kommando stand aerologisch eine schwierige Aufgabe bevor, da die eigenartigen Arbeitsmethoden des Drachen- und Ballondienstes an Bord noch im Anfangsstadium der Entwicklung waren.

Die ersten Stationen in der Biscaya gaben viel Gelegenheit zum Sammeln von Erfahrungen und förderten die Schulung des Personals.

Der gute Erfolg der ersten Lotung, bei der aus 4610 m Tiefe die Bodenprobe in Gestalt der gefüllten Schlammröhre, der Wasserschöpfer und das Maximum-Minimum-Thermometer unbeschädigt nach oben kamen, liess den teilweisen Misserfolg der nächsten Station, die nach Austritt aus der Biscaya in der Höhe von Oporto gemacht wurde, um so schmerzlicher erscheinen; zwar wurden hierbei 3690 m Tiefe einwandfrei festgestellt, ein Bruch des Drahtes verursachte jedoch den Verlust der mitgegebenen Instrumente. Gerade solche Misserfolge waren lehrreich, und das Lehrgeld musste wohl oder übel bezahlt werden. Anderer Art waren die Schwierigkeiten bei den Serienbeobachtungen. Ein Brechen der starken Drahtlitze war hier so gut wie ausgeschlossen, Verlust somit nicht zu befürchten; dagegen bereiteten die Instrumente allerhand Schwierigkeiten, gegen die erst nach einigen Fehlversuchen wirksame Mittel gefunden wurden. So war das Tiefenmanometer, das von der Firma Schäffer und Budenberg nach bestimmten Angaben zur Verwendung für grosse Tiefen hergestellt war, nicht wasserdicht. Sorgsam waren bei der Konstruktion die Erfahrungen früherer Expeditionen berücksichtigt worden, doch die Änderungen hatten zunächst nicht den gewünschten Erfolg. Erst im Indischen Ozean, nach Verlassen von Colombo, wurden befriedigende Ergebnisse erzielt.

Dank der guten Manövrierfähigkeit des Schiffes hat es von vornherein keine grossen Schwierigkeiten gemacht, das Schiff zu den Lotungen und Serienmessungen so zu halten, dass der Draht senkrecht ausstand.

Schwieriger war es, das Schiff zu den Stufenfängen des Biologen richtig zu halten. Der grössere Wasserwiderstand der Hanfleine, an der das Schliessnetz zu Wasser gelassen wurde, liess diese auch bei der geringsten Bewegung des Schiffes, welche Draht und Drahtlitze noch mitmachten, schlecht abstehen. Da die biologischen Stufenfänge, der Zeitersparnis halber, mit den Serienmessungen oder Lotungen gleichzeitig ausgeführt wurden, da ferner die Entfernung beider Arbeitsstationen von einander nur wenige Meter betrug (die Stufenfänge wurden von der Back aus möglichst weit vorn gemacht), so lag die Gefahr nahe, dass Leine und Draht sich ineinander vertörnten.

Auch die Handhabung des Drachendienstes führte sehr bald zu Störungen und damit zu Erfahrungen. Gleich auf der

Biologische Fanggeräte.
Rechts ein Helgoländer Brutnetz, darunter eine glatte Dredge. Davor eine Reuse, links ein mittleres Apsteinsches Planktonnetz, darüber ein Kätscher.

ersten Station brach der Draht. Es war zwar aus Nachrichten des Prof. Hergesell über Drachenaufstiege auf dem Meere bekannt, dass in solchen Fällen beim Brechen des Drahtes, der unterste Drache dem übrigen Gespann als Treibanker dient, so dass das Ganze in den meisten Fällen ohne grossen Verlust geborgen werden kann, immerhin erregte es Erstaunen, wie sicher dieser Treibanker arbeitete. 5 Drachen mit 8 km Draht standen aus, doch keiner von ihnen in Sicht bei der etwa 400 m hohen dichten Wolkendecke. Der Spannungsmesser zeigte 65 kg Druck, als plötzlich der Draht brach. Der Bruch hatte nicht dicht bei der Trommel stattgefunden; es wurde daher, um möglichst wenig Draht zu verlieren, eingehievt. Leicht hätte diese hier übel angebrachte Sparsamkeit verhängnisvoll werden können. Zum Glück brach der Draht gleich zum zweiten Male, diesmal dicht an der Winde, und es wurde jetzt mit äusserster Kraft mit dem Winde hinter dem Gespann hergefahren. Nach 5 Minuten Suchens wurde ein Drache ca. 20 m über Wasser gesichtet; als ihn das Schiff erreichte, trieb er im Wasser, zeitweise unterschneidend, dann wieder hochgerissen, durch den starken Zug des noch stehenden Drachens, lange Sprünge über dem Wasser machend. Es gelang, nicht ohne Schwierigkeit, den Draht an Bord zu nehmen. Nachdem dieser fest in einem Feilkolben mit Kupferbacken, von denen mehrere zum Anfertigen von Splissungen in der Ausrüstung vorgesehen waren, eingeklemmt war, wurde das Gespann glücklich geborgen; freilich nicht das ganze, denn ein Drache war, wie sich nunmehr zeigte, verloren gegangen, mit ihm ca. 1000 m Draht. Dafür hatte man ein gut Teil an Erfahrung und Zuversicht gewonnen. Wenn es bei den verhältnismässig ungünstigen Bedingungen dieses Tages — niedrige Wolken, unsichtiges Wetter — gelungen war, das Instrument unbeschädigt zu bergen, so konnte die Wahrscheinlichkeit grosser Verluste an Instrumenten, die für die Mitgabe zahlreicher Instrumente gesprochen hatte, ausgeschaltet werden. Tatsächlich ist im weiteren Verlauf der Reise bei den Drachenaufstiegen nicht ein einziges Instrument mehr verloren gegangen, wenn auch Berührungen mit dem Wasser noch häufiger vorkamen.

Der 27. Januar; Geburtstag Sr. Majestät des Kaisers; herrliche Frühlingsluft; klares, sonniges Wetter begleitet die Reise entlang der Küste Spaniens, die Dünung ebbt langsam ab. Nach Passieren der Burling-Inseln wurde Lissabon angesteuert, das am 29. erreicht werden sollte, einen Tag früher als der Reiseplan vorsah, und so kam es auch.

Um 1 Uhr nachmittags am 29. Januar stand das Schiff bei Kap da Roca; vom Lande grüsste stolz der schroffe Höhenzug herüber, auf dem die „Cintra", die alte maurische Königsburg thront, und dann gings an der Felsenküste entlang, vorbei an Cascaes, dem Mode-Seebad Lissabons, hindurch zwischen den Forts Sao Juliao und Bugio, welche die hier nur etwa 1 Sm breite Tajo-Mündung bewachen. Bald kam links Belem in Sicht, die südwestliche Vorstadt mit der Kirche des ehemaligen Hieronymitenklosters, einem spätgotischen Bau mit Motiven aus der Mauren- und Renaissancezeit, und dicht dabei Torre de Belem, ein massiver viereckiger Bau am Tajo-Ufer. In diesem Turm beteten im Mittelalter die Seefahrer zum letzten Male vor dem Antritt ihrer grossen Entdeckungs-Fahrten, so Bartolomäus Diaz und Vasco

Die Cintra.

da Gama, welch letzterer vor 400 Jahren den Weg nach Indien um das Kap der guten Hoffnung entdeckte — denselben Weg, den nun „Planet" einschlagen sollte. Die Zeit der grossen Entdeckungen ist freilich vorbei; im Belem-Turm wird nicht mehr gebetet. Dafür beten wir jetzt in der Ära der wissenschaftlichen Erschliessung der Erdoberfläche, die seit 100 Jahren, seit Humboldts Reise nach Amerika eingesetzt hat, aber noch lange nicht zum Abschluss gekommen ist.

Der Seeweg nach Indien hatte in dieser Beziehung noch grosse Lücken, die der kleine „Planet" ausfüllen sollte. So war der Belem-Turm auch für „Planet" ein Wahrzeichen.

Hinter Belem liegt, auf sanft wellige Hügel gebreitet, nördlich vom Tajo, die Stadt Lissabon.

Ein trauriges Schicksal hat die Stadt gehabt. Der natürliche, vorzügliche Hafen, nahe der Hauptverkehrsstrasse, gab ihr frühzeitig, im 14. Jahrhundert schon, eine hervorragende Bedeutung als Handelsplatz. Erdbeben und Pest wüteten verheerend in den vierziger Jahren des vorigen Jahrhunderts. Gegen Ende des 16. Jahrhunderts eroberte Herzog Alba die Stadt für Philipp II. von Spanien und erst als 1640 das Haus Braganza den portugiesischen Thron bestieg, wurden die Spanier vertrieben. Durch den Frieden von Lissabon 1668 sicherten sich die Braganzas die Herrschaft. — Ein zweites Erdbeben zerstörte 1755 nahezu die ganze Stadt und raffte viele Tausende der Einwohner hin. Am Anfang des 19. Jahrhunderts in die Kämpfe Napoleons I. gegen England hineingezogen, wurde es 1808 den Franzosen durch die Engländer entrissen. Erst jetzt wurde es gegen Seeangriffe befestigt. Der östliche Teil der Stadt, die Alfama, der von dem letzten Erdbeben allein verschont blieb, zeigt noch die engen und unregelmässigen Strassen der Altstadt, die neueren Stadtteile sind seit jener Katastrophe schön und regelmässig aufgebaut.

Nahe der Hauptlandestelle, gegenüber der Praça do Commercio und dem Marinearsenal machte „Planet" an einer Boje fest. Von der Praça do Commercio aus führen mehrere enge Strassenreihen, darunter die Rua Augusta, in einem Tale inlands nordwärts zum grossen Markte und der Praça de Dom Pedro IV., von welcher aus die grosse breite Alameda sanft ansteigend in gleicher Richtung nordwärts zieht, wo die Gesellschaft von Lissabon sich im Corso ihr Stelldichein gibt. Westlich von diesen Talstrassen, also links beim Inlandswandern, ist der

Lissabon

Praça do Commercio (Lissabon).

Hügel, der die Altstadt und das königliche Schloss trägt, an einer Stelle so steil, dass man ihn nur mittels eines Aufzuges erreichen kann. Dort oben liegen die Ruinen einer Klosterkirche, innerhalb welcher man ein historisches Museum untergebracht hat mit vielen Merkwürdigkeiten aus alter Zeit. Von der rechten östlichen Höhe sieht das alte Castello de S. Jorge herab. So ist das Bild der ganzen Stadt ein abwechslungsreiches und anmutiges.

Ganz besonders lohnend ist der Ausflug nach der Cintra. Eine einstündige Bahnfahrt führt zu dem Städtchen gleichen Namens am Fusse des schroffen Höhenrückens, von dem aus die Mauren das Land beherrschten. Über den Ruinen eines alten Maurenkastells erhebt sich in stolzer Höhe die Cintra.

Hat man das altertümliche Städtchen unten verlassen, so steigt man auf steilen schattigen Pfaden, die an den Flanken des Berges angelegt sind, hinauf zu den Ruinen einer alten Maurenfestung, in deren nächster Nähe, aber noch weiter oben auf dem schroffen Gebirgskamm, die Königsburg liegt. Durch mächtige Tore und Tunnel vorbei an Brüstungen und Kasematten, die von dunklen Gebüschen halb verdeckt sind, gelangt man stetig steigend zum Schlosshof durch zwei kostbare Tore. Besonders merkwürdig ist von den beiden Toren das freilich etwas groteske, bizarre Korallentor, dessen Umrahmung mit Meerestieren aller Art gespickt ist.

Und die mit alten Fayencetafeln ausgelegten Wände und Mauern, sie lohnen allein schon einen flüchtigen Besuch. Allenthalben bewundert man die zierlichen Einfälle der maurischen Kunst, die sowohl Cintra als Alhambra zu den kostbarsten architektonischen Stücken auf dem Erdenrund gestalten.

Ist der Ausblick von der Schlossterasse nordwärts schon hinreissend, so überbietet der Umblick von der grossen Kuppel, die man auf der Aussenseite auf einer steilen engen Treppe schwindelfrei ersteigen muss, alles ähnliche an Grossartigkeit. Wie auf einer Karte liegen fast unmittelbar zu Füssen die Felder, Wälder und Dörfer, Klöster und Städte nordwärts, eine farbenreiche Landschaft, gegen Westen zu von der Steilküste begrenzt. Im Süden die grosse Stadt, der breite Fluss und in weitem Halbkreis der Ozean in herrlichem Blau leuchtend. Und das ganze Land schon voll von den Vorboten des Frühlings, die hier Ende Januar sich schon bemerkbar machen. Es gibt kaum ein Fleckchen auf der Erde, wo Kunst und Natur sich in so grossartiger Eigenart paaren.

Am 1. Februar, einem „internationalen Tag"*), wurde ein Drachenaufstieg vom verankerten Schiff aus versucht. Der Wind war jedoch zu schwach; es gelang kaum, das Instrument 200 m hoch zu bringen.
Gesellige Vereinigungen an Land und an Bord gaben dem Aufenthalt ein freundliches Gepräge.
Am 4. Februar gegen Mittag wurde der Hafen verlassen. Ein interessanter Abschnitt begann.
Zunächst die Ozeanographie. Der aus der Strasse von Gibraltar austretenden Tiefenströmung wurde besonderes Interesse zugewandt. Während im allgemeinen der Salzgehalt in den Tiefen von 200 bis 1000 m langsam abnimmt, findet sich im Nordatlantischen Ozean von Madeira bis in die Biscaya eine deutliche Zunahme desselben meist in der Tiefe von 600 bis 1000 m, verbunden mit relativ hohen Temperaturen. Die hier vom „Planet" ausgeführten Untersuchungen gaben weitere Aufschlüsse über die regionale Ausdehnung dieser Tiefenströmung.
Die zur Bestimmung der Farbe des Meeres verwandte Forelsche Skala erwies sich leider als zu wenig haltbar, so dass auf einem Teil der Reise die Beobachtungen ausfallen mussten, bis in Colombo ein neuer nachbestellter Apparat eintraf.
Die zu den ozeanographischen Arbeiten vorgesehenen Einrichtungen an Bord waren gut; sie gestatteten selbst bei stark arbeitendem Schiff ein Heruntergeben, Aufholen und Ablesen der Instrumente, ohne dass Gefahr für dieselben vorlag. Schwierig war es, die Gläser mit den Wasserproben, die sofort chemisch zubereitet oder für spätere Untersuchungen in der Heimat zugeschmolzen werden mussten, ohne anzustossen über das schwankende Deck ins Laboratorium zu bringen, wo ihre Verarbeitung vor sich gehen sollte.

Besuch an Bord (Lissabon).

Auf fast allen Stationen wurden Planktonfänge gemacht; in der Regel 3 Stufenfänge von 200—100 m, von 100—5 m und von 5—0 m, ausserdem in der Regel ein Oberflächenfang. Die Stufenfänge wurden konserviert und der Menge nach geschätzt; deutlich erkennbar war dabei der Einfluss der Meeresströmungen, der Landferne oder Landnähe.

Schlechte Tage hatte „Planet" hinter sich. Unter Stärke 6 war der Wind kaum heruntergegangen und die schräg von achtern aus ungünstiger Richtung einkommende See hatte ihm übel mitgespielt. Kammern und

---

*) Ein internationaler Tag ist der erste Donnerstag jedes Monats; an ihm finden an den verschiedensten Orten der Welt (siehe Reisekarte „Planet") gleichzeitige meteorologische Beobachtungen statt. In Erweiterung dieser Massnahmen wurden die Serienaufstiege eingeführt, d. h. es wird an drei aufeinanderfolgenden Tagen beobachtet, der internationale Tag in der Mitte, schliesslich wurden die sogenannten grossen Aufstiege eingerichtet — eine Errungenschaft der Mailänder Conferenz der Internationalen Kommission für wissenschaftliche Luftschiffahrt im Jahre 1906 —, d. h. viermal im Jahre sollen die Serienaufstiege ausser über dem Kontinent auch über dem Meere vorgenommen werden.

Messen sahen sich ihrer Ausschmückung beraubt, was von Bildern und anderem Zierrat (trotz guter Befestigung) noch unbeschädigt geblieben war, hatte geborgen werden müssen.

Weder Drachen- noch Ballonaufstiege konnten bei den schlechten Wetterverhältnissen Erfolg versprechen. Es wurde indes damit versucht, und in der Tat gelang in der Höhe von Madeira, also noch ausserhalb des eigentlichen Passats, ein ganz guter Drachenaufstieg. Leider liess die Wolkendecke, welche die Drachen in ca. 1500 m Höhe aufnahm, eine Peilung der oberen Drachen und damit die Feststellung der oberen Windrichtung nicht zu. Weiter südlich, im eigentlichen Passat, misslang nahezu alles, obwohl, wenigstens für Drachenaufstiege, der Wind nicht zu stark war. Es fehlte eben noch an Übung. Ein Ballonsonde-Aufstieg missglückte. Der eine Ballon riss sich vorzeitig los und konnte nur noch als Pilotballon verfolgt und ausgewertet werden. Ein zweiter Ballonsondeversuch, etwa 2⁰ südlicher, erfuhr ein gleiches Schicksal, auch hier gab es einen ungewollten Pilotballonaufstieg. Das Gespann ging zwar hoch, doch kam es hinter den hohen cirrus-Wolken aus Sicht und wurde trotz langen Suchens später nicht gefunden.

Die Beobachtung der Ballons ergab obere südliche Winde.

Wie bekannt, wird die heisse Zone im Norden und Süden bei etwa 30⁰ Breite durch Gürtel hohen Luftdrucks begrenzt. In der Mitte dieser Zone liegt ein Gebiet niederen Druckes, das durch die starke Erwärmung der Luft am Äquator erzeugt wird. Zwischen den beiden Hochdruckgebieten bewegt sich die untere Luftschicht gegen den Äquator hin. Diese Bewegung würde parallel am Meridian erfolgen, wenn nicht die Erdrotation ihre Richtung änderte und zwar nach rechts auf der nördlichen, nach links auf der südlichen Hemisphäre. Daraus entstehen also NO- und SO-Passat. Während die im Norden bezw. Süden an der Erdoberfläche abströmenden Luftmassen durch Luftzufuhr von oben ersetzt werden, müssen die am Äquator zusammenströmenden Luftmassen nach oben steigen und die Luft über ihnen fortdrängen.

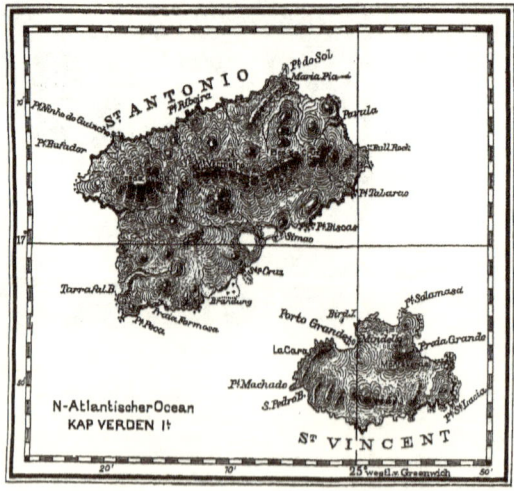

Diese fortgedrängte Luft wird gleichsam angesaugt durch den erdwärts gerichteten Luftstrom der Rossbreiten. So entsteht also ein geschlossener Kreislauf, und zwar müssen die oberen Antipassatströmungen wiederum durch die Erdrotation auf der nördlichen Halbkugel südwestlich, auf der südlichen nordwestlich gerichtet sein. So die Theorie.

Die bisherigen Forschungen im Gebiete des NO-Passats hatten bezüglich der Richtung der oberen Passatströmung zu widersprechenden Resultaten geführt*). Das Hauptergebnis der „Planet"-Aufstiege ist der Nachweis einer Oberströmung mit — allerdings schwacher —

---

*) S. Einleitung und Band II „Aerologie" IV. Kapitel.

südlicher Komponente an zwei Stellen zwischen Kanaren und Kap Verden. Von etwa 2500 m Höhe an dreht der Wind allmählich nach rechts herum bis nach Süd-Westen; in grösserer Höhe dreht er dann weiter bis nach Westen.

Mit den zu Pilotballon-Aufstiegen mitgegebenen 0,5 m-Ballons war bei der Unmöglichkeit der Benutzung eines festen Fernrohres nichts zu machen; sie waren zu klein und kamen aus Sicht, ehe sie grössere Höhen erreichten. Einige Peilungen und Winkelmessungen und die Beobachtungen waren beendet. Das Kommando

Bird-Insel vor Porto Grande.

erhielt daher grössere Ballons auf Antrag nach Kapstadt nachgesandt, welche sich im weiteren Verlaufe der Reise gut bewährt haben.

In der Benutzung der Sextanten wurde allmählich grosse Fertigkeit erzielt. Als praktisch stellte sich hierbei heraus, den Sextanten umgedreht zu gebrauchen, so dass der kleine Ballon direkt gesehen und der Horizont gespiegelt wurde.

Im übrigen verursachten nördlich des Kap Verden der starke Wind und das heftige Schlingern des Schiffes manche Beschwerden, während es weiter südlich bei dem schwachen Unterwind nicht immer möglich war, die Drachen in die oberen, bewegteren Luftschichten hinaufzubringen.

Trotz der nicht geringen Verzögerung, die vor allem die Verfolgung der Sondierballons verursacht hatte, war das Schiff durchschnittlich gut vorwärts gekommen; nicht zum kleinsten Teil dank der Segel, die bei dem günstigen Winde dauernd hatten gefahren werden können. Ein wenig hatte der Wind mit dem Vordringen nach Süden abgeflaut, immerhin war die Dünung noch stark genug, um die Wirkung der Schlingerbewegungen nicht abzuschwächen.

Die letzten Tage waren recht einsam gewesen. Viel Tierleben*) hat der Passat nicht aufzuweisen; auch Schiffe wurden nicht angetroffen, da der im Interesse der aerologischen Arbeiten nach Westen eingeschlagene Bogen von der grossen „Landstrasse" ziemlich weit abgeführt hatte.

Am 13. Februar gegen Abend langte „Planet" vor Mindello auf den Kap Verde-Inseln an. Die Stadt liegt auf der Insel St. Vincent. Die Anfahrt von Norden ist schön; man passiert zwischen den hohen Inseln St. Antonio und St. Vincent und gelangt in die halbkreisförmige Bucht von Porto Grande, in deren Mittelpunkt ein schroffer, schwer zugänglicher Fels mit einem Leuchtturm darauf sich befindet, Bird-Insel genannt. In der Bucht steht zeitweise erhebliche Dünung, die das Landen mit den Booten trotz einer eisernen Landungsbrücke erschwert. Das Land gewährt einen trüben Anblick. Ausser einigen grünen Bäumen in den Strassen von Mindello findet das Auge nur gelbe Sandflächen in den Tälern und an den Wänden hinauf und in der Höhe bräunliche und rötliche Felsmassen. Porto Grande ist das Zentrum eines mächtigen Kraters, in dem, ähnlich wie in dem grossartigen Haleakala-Krater der Hawaiischen Inseln, zahlreiche Parasitärkrater sich gebildet hatten, deren typische

---

*) S. Meteorologisches Tagebuch, Band II, „Aerologia".

Parasitärkrater auf St. Antonio.

Form aber durch Verwitterung allmählich verloren gegangen ist. Nur an der Porto Grande zugekehrten südöstlichen Seite von St. Antonio sieht man noch einige deutliche Kegelberge an den Böschungen aufgetürmt mit deutlich erhaltenem Krater, wie das Bild zeigt.

Die Südpolar-Expedition des „Gauss"*), welche in Porto Grande gleichfalls Station machte, fand eine nicht so ausgeprägte Kraterbildung auf der nördlichen kleinen Halbinsel Salamasa. — Die Stadt wird überragt vom Monte Verde. Von dem sehr nahe am Monte Verde über 250 m hochgelegenen Landhause des deutschen Konsuls hat man eine prächtige Aussicht. Bemerkenswert sind die Sanddünen, die sich landeinwärts von Mindello besonders zu Füssen des dort gelegenen isolierten Gebirgsstockes La Cara lagern. Kapitänleutnant Lebahn und Oberstabsarzt Dr. Krämer unternahmen einen Ausflug dorthin. Von einem Weg ist kaum die Rede. Sofort hinter der Stadt beginnt die Steinwüste. Nach einem halbstündigen Marsche gelangt man an eine breit seewärts führende Rinne, die ganz mit Sand gefüllt ist und in welcher der NO-Passat den Sand vor sich hertreibt. Einzelne Tamarisken stehen hier mit westwärts gerichteten Kronen, wie Fahnen am Stock auswehend, und um den Stamm häuft sich obdachsuchend der Sand.

Der NO-Passat kann oft recht kräftig wehen und leicht auf den Inseln die Stärke von 6—7 [Beaufort-Skala**)] erreichen. Trifft er an der Luvseite eine Sandfläche und hat vor sich keine hemmende Vegetation, sondern die stauende Verstärkung einer baumlosen Bergwand, so reisst er die Sandkörner mit sich fort und wirft sie über den Wall hinweg, wo sie sich dann zusammenrollen, um dem geschwächten Ruhestörer Trotz zu bieten. Hierfür bietet St. Vincent ein glänzendes Beispiel.

Den schönsten Ausblick auf Stadt und Hafen hat man von einem kleinen ca. 50 m hohen Hügel, der unmittelbar hinter dem östlichen Stadtteil sich erhebt, und der durch ein hohes Felsentor leicht erkenntlich ist.

Da liegt zu Füssen die Stadt am sandigen Strand. Auf dem Wasser eine Menge von schwarzen Punkten — Kohlenprähme —, und darüber im Westen der

Fahnenbäume bei Mindello, im Hintergrunde La Cara.

---

*) S. „Die deutsche Südpolarexpedition auf dem Schiffe Gauss". Veröffentlichungen des Instituts für Meereskunde, Heft 1, 1902.

Ferner: Dölter, „Die Vulkane der Kap Verden und ihre Produkte", Graz 1882.

Die „Gazelle" lief nur S. Jago auf einige Stunden an.

**) Beaufort-Skala: 1 2 3 4 5 6 7 8 9 10
entsprechende Windgeschw. in m/s: $1_{.7}$ $3_{.1}$ $4_{.8}$ $6_{.7}$ $8_{.8}$ $10_{.7}$ $12_{.9}$ $15_{.1}$ $18_{.0}$ $21_{.0}$

isolierte Gebirgsstock La Cara — das Gesicht — mit seinen schroffen Wänden, zernagten Felsennadeln und Kuppen. Dieser Bergstock ist südlich durch eine Talsenke, die dem Wind und Sand Austritt gewährt, von dem übrigen Gebirge St. Vincents getrennt.

Regenfälle sind selten. Es kann vorkommen, dass während zweier oder sogar dreier Jahre kein Tropfen Wasser fällt und dass deshalb schwere Hungersnöte eintreten. Solche sind in der Geschichte von 1730/33 und 1830/33 bekannt, wo fast ein Drittel der ganzen Bevölkerung von mehr als 100 000 Menschen umgekommen ist.

Die zum Wachstum von Pflanzen und Früchten erforderliche Feuchtigkeit wird dem Passat in der Höhe durch die hohen Berge der Inselgruppe entnommen, und nur so lässt es sich erklären, dass diese Inseln überhaupt Bananen, Ananas, Apfelsinen u. s. w. hervorbringen, und dass in den Handelsberichten sogar von der Anpflanzung der Jatropha Curcas zur Gewinnung purgierender Öle, von Baumwolle und sonstiger tropischer Nutzpflanzen die Rede ist.

Jeder, der Porto Grande angelaufen hat, kennt den Schiffshändler Madeira. Auf St. Antonio an der SW-Seite, wenige Seemeilen von Porto Grande, hat er an der Tarrafal-Bucht eine kleine Oase entdeckt, in der während des ganzen Jahres Frischwasser zu finden ist — ein breites, nahezu völlig trockenes Flussbett, das wenige Kilometer weit ins Innere der Insel führt, sich dort dann verengt und schliesslich völlig abgeschlossen ist. Hier bildet der Fluss oder, besser gesagt, der Bach einen prächtigen Wasserfall. Madeira hat sich nahe der Küste angebaut, dort, wo sich um das angestaute Wasser die Oase gebildet hat. Unter schattigen, breiten Orangebäumen ist das kühle Wasser in einem ansehnlichen Becken angesammelt — ein köstliches Bad in der dort meist unerträglichen Hitze. Und nahezu sämtliche tropischen Früchte gedeihen in der nächsten Umgebung. Es ist der beste Wasserplatz der ganzen Insel.

So ist es also immerhin möglich, frische Früchte und Gemüse in Mindello zu erhalten, aber in der Regel kein Frischfleisch, da das Land kein Vieh ernähren kann. An einzelnen Stellen sieht man magere Ziegen, und im Westen von Mindello wurde in der Sandwüste sogar ein hoch ummauerter Schweinepark bemerkt, der einige wenige Tiere besass, deren Aussehen jedoch nicht den Wunsch nach ihrer Verwertung für Küchenzwecke aufkommen liess.

Die Lage von Porto Grande nahe der beiden grossen Verkehrswege Europa—Süd-Amerika und Europa—Süd-Afrika macht den Hafen zu einer der wichtigsten Zentralen für die englischen Kabel nach Süd-Amerika und Afrika und zur Hauptkohlenstation für die erwähnten Reiserouten.

Hunderte von Kohlenprähmen liegen bereit, in wenigen Stunden nach den Handelsdampfern gebracht zu werden; unaufhörlich kommen die Kohlendampfer an, aus denen die leer gewordenen Prähme neu gefüllt werden. Der Handel liegt fast völlig in englischen Händen.

Die Kabelstation beschäftigt gegen 60 Beamte; diese und einige englische, französische und italienische Händler stellen die weisse Kolonie dar.

Die Häuser der Stadt sind aus Stein gebaut, einstöckig und zum Schutz gegen die Hitze weiss gekalkt. Hinten hinaus haben sie einen kleinen mauerumschlossenen Hof. Wohlhabendere haben auch einen kleinen Garten mit Cisternen zum Bewässern der Pflanzen, unter denen die prächtig rot blühende, die Mauern überrankende Bougainvillea auffiel. Die öffentlichen Brunnen sind mit Wasser gefüllte zementierte Cisternen, die mit Eimern aus Schächten gefüllt werden, welche 2—3 m Durchmesser haben und 20—30 m tief durch den vulkanischen Tuff getrieben sind. Das am Boden sich sammelnde Brackwasser wird durch die Negerinnen mit Zeuglappen, die sie vor die Mündung des Wasserhahnes binden, filtriert. Zur Hebung sind auf Gehöften mit Pflanzungen auch Windräder vorhanden.

Die Bevölkerung besteht zum grössten Teil ($4/5$) aus afrikanischen Negern, die zurzeit des Sklavenraubes von den Portugiesen hier angesiedelt wurden. Ihre Geräte an Calebassen, der Amulettschmuck, ihre Spiele weisen nach der nur 730 km entfernten Westküste Afrikas, wo das Volk der Mandingo südwärts seinen Hauptsitz hat. Eine Sammlung der eigenartigen Geräte wurde, wie auch in späteren ähnlichen Fällen, an das Berliner Museum für Völkerkunde geschickt.

Durch Ablation entstandene Felseninseln bei Cima (Kap Verden).

Die nähere Erforschung dieses eigenartigen Mischvolkes, das viel von seiner alten Gewohnheit noch bewahrt hat, steht noch aus.

Einige Versuche mit Aufstiegen kleiner Pilotballons von Land aus wurden angestellt. Dazu war das grosse Bordfernrohr zu einer Art richtbarem Fernrohr provisorisch umgebaut. Indessen, auch so gelang es nicht, die Ballons bis zum Eintritt in die oberen Passatschichten zu verfolgen*). Der Wind war eben zu stark, die Entfernung zu gross.

Nach 4 tägigem Aufenthalt wurde am 17. Februar 1906 die Reise fortgesetzt. Um der aerologischen Arbeiten wegen möglichst weit vom Festland entfernt zu bleiben, wurde zunächst südlich gesteuert, wobei die nahezu 3000 m hohe Kraterinsel Fogo passiert wurde, deren Vulkan im Jahre 1847 einen grossen Lavastrom meerwärts ergoss und heute immer noch tätig ist. Auch sah man in der Ferne die unbewohnten Klippen der Rhombosinseln mit merkwürdigen hutförmigen Ablationserscheinungen an einzelnen freistehenden Felsen. Einzelne der höheren Kuppen sahen ganz weiss aus wie Kalk durch die seit ewigen Zeiten dort Guano bereitenden Seevögel, unter welchen die Sulaarten und die Fregattvögel vorzuherrschen scheinen.

Füllung eines Ballons.

Am 20. Februar schien alles zu einem Ballonsonde-Aufstieg günstig; klarer Himmel, kein zu starker Unterwind. Doch Vorsicht war geboten; so wurde zunächst ein kleiner Pilotballon abgesandt. Da dieser noch unter der Wirkung des unteren Passatwindes hinter inzwischen aufgekommenen Wolken aus Sicht kam, wurde vom Ballonsonde-Aufstieg abgesehen und ein Drachenaufstieg geplant. Kaum war der Instrumentdrache einige 100 Meter hoch, da klarte es völlig auf. Der Drachen wurde wieder eingeholt, Ballons wurden klar gemacht. In kaum einer Stunde waren die Vorbereitungen beendet; die Ballons gehen hoch und entfernen sich weiter und weiter; keine störende Wolkenbildung. Die Zuversicht in das Gelingen des Aufstiegs steigt; der Kommandant hatte, in der richtigen Voraussicht, dass oben südwest-

---

*) Dem Kommando wurde Ende September 1906 zur besseren Verfolgung der Pilotballons ein Theodolit nach Dr. de Quervain nachgesandt.

licher Gegenpassat wehen würde, sofort mit äusserster Kraft NO-Kurs eingeschlagen. Und in der Tat waren schon nach etwa 10 Minuten die Ballons, die sich bei dem frischen NO-Winde schnell vom Schiffe entfernt hatten, in der entgegengesetzten Windströmung zurückkehrend, wieder über dem Schiffe und eilten dann voraus, „Planet" hinter ihnen her. Nach 6 weiteren Minuten platzt der eine Ballon, bald ist gegen den weniger klaren Hintergrund des unteren Himmels nichts mehr zu sehen. Auf den Landungsort des Ballons wird Kurs genommen, und nach kaum einer halben Stunde wird der nicht geplatzte Ballon etwa 100 m über dem Wasser gesichtet; 50 m unter ihm hängt das blitzende Instrument, froh der gelungenen Luftfahrt, und bald danach wird alles geborgen. Der erste Ballonerfolg: die Ballons waren 5730 m hoch gegangen. Die erreichte Höhe war zwar nicht sehr gross, die Zuversicht in ferneres Gelingen dafür desto höher.

Dies war der erste Aufstieg in noch nicht erforschtem Gebiet. Der oberflächliche Anblick der Kurve liess sofort die charakteristischen Schichten erkennen, die Professor Hergesell im Passat gefunden hatte: 1. die untere Schicht mit schneller Temperaturabnahme nach oben. Hier weht der eigentliche Passat; 2. die „Mischungsschicht" mit trockener Luft und geringer Temperaturabnahme, die häufig gleich Null oder gar zur Temperaturzunahme (Inversion oder Temperaturumkehr) wird. In dieser Schicht wehen schwache, wechselnde Winde; 3. die Schicht des Gegenpassats, die wieder starke Temperaturabnahme aufweist.

An demselben Tage wurde noch nach einer Bodenerhebung gesucht, die einer Lotung aus den fünfziger Jahren zufolge, in etwa 11° N und 22° W auf den Tiefenkarten mit 2100 m Tiefe verzeichnet stand. Am Vormittag war bereits in dem Glauben, an der rechten Stelle zu sein, gelotet worden: es waren mehr als 5000 m gefunden worden. Das Mittagsbesteck musste ergeben, ob auf dem beabsichtigten Punkt gelotet worden war. Leider wurde nordwestliche Stromversetzung von etwa 4 Sm festgestellt. Eine weitere Lotung nach etwa ½ Stunde ergab wieder 5000 m. Es war also anzunehmen, dass der Berg in der Tiefe nicht existierte; auf 2 bis 3 Sm genau musste das Schiff auf dem in der Karte angegebenen Punkt gewesen sein, und Böschungen von mehr als 40° waren nicht anzunehmen in solchen Tiefen. Doch die Lage der Untiefe auf der Monaco-Tiefenkarte, nach welcher man sie aufgesucht hatte, war, wie nachträglich festgestellt wurde, etwa 3 Sm falsch; „Planet" selbst stand ungefähr 4 Sm in derselben Richtung falsch; so war im ganzen 7 Sm entfernt von der 2000 m-Stelle gelotet worden. Eine Veränderung der bisherigen Tiefenangaben war also nicht angängig.

Die Tiefe von 2000 m war von einer amerikanischen Brigg im Jahre 1852 gelotet und später durch eine Kontrollotung bestätigt worden. Der wahrscheinliche Fehler in der Ortsbestimmung bei dieser Lotung ist nicht bekannt, er kann leicht auch 2 bis 4 Sm betragen haben. Und die Tatsache, dass in neuester Zeit zahlreiche Untiefen zwischen den Cap Verde-Inseln und der afrikanischen Küste gefunden worden sind, die von sehr kupierter Bodenform zeugen, erhöht die Möglichkeit, dass auch jene 2000 m-Stelle, nach der vergebens gesucht worden war, tatsächlich vorhanden ist.

Das fallende Gespann in Sicht.

Angelockt durch die blitzenden Instrumente, die herabgelassen waren, hatte sich ein Hai eingestellt. Unbekümmert um den Fleischköder, der von der Back aus am Haihaken ausgegeben wird, umschwimmt er das Schiff; der Tauvorlauf des Lotdrahts kommt aus dem Wasser, langsam wird mit der Hand weiter eingeholt. Die Instrumente sind schon zu sehen, der Hai ist in bedenklicher Nähe, kaum zu erkennen in dem gleichfarbigen Wasser. Dann bewegt sichs plötzlich, der weisse Bauch wird einen Augenblick sichtbar, eines der Instrumente wird erfasst, ein Ruck, und Schlammröhre und Wasserschöpfer sausen, vom Hai gepackt, in die Tiefe. Hatte man heute das Nachsehen gehabt, so war man am nächsten Tage glücklicher und holte einen gewaltigen Hai mit der Angel an Deck.

Inzwischen war der Passat immer sanfter geworden, die Bewegungen des Schiffes wurden damit auch erträglicher. Kaum standen die Segel noch, und am 21. mussten sie endgültig für längere Zeit geborgen werden. Nur mit Mühe gelang es, bei einem Drachenaufstieg den Instrumentdrachen in die vorher erwähnte Schicht mit schwachem, wechselndem Winde zu bringen. Völlige Windstille am Morgen des 22. und klarer, blauer Himmel, und so blieb es, bis der sofort geplante Ballonaufstieg beendet war. Nur 2 Stunden hatte er gedauert, und nahezu 14 000 m hoch waren die Ballons gestiegen. Und das war erreicht fast ohne Weg- und Zeitverlust, da die Ballons bald den oberen südlichen Wind erreicht hatten, und das Schiff sofort den richtigen Verfolgungskurs eingeschlagen hatte.

„Planet" stand jetzt bereits auf der Höhe von Freetown. Gleichwohl wurde der südliche Kurs noch beibehalten, um dann senkrecht auf die Küste zuhalten zu können, wie es zur Vornahme der zur „Anlotung" des afrikanischen Kontinents erforderlichen Lotungen wünschenswert war. So war am 23. noch einmal Gelegenheit zu einem Drachenaufstieg, der deshalb Erwähnung verdient, weil er das einzige Beispiel gleichzeitiger aerologischer und ozeanographischer Arbeiten ist, das in der Folge aus Klugheitsgründen nicht wieder versucht worden ist. Die Drachen standen gut, die oberen schienen stärkeren Wind gefasst zu haben, so dass die Fahrt des Schiffes für den Aufstieg kaum mehr gebraucht wurde; der Passat wurde für so beständig gehalten, dass es nicht zu gewagt schien, jetzt zu stoppen und eine Tiefseelotung zu machen. Doch die Hoffnung trog; hier an der äussersten Grenze des Passats und wohl auch schon unter dem Einfluss des Kontinents — 155 Sm — waren die Verhältnisse so beständig nicht mehr. Unten wurde es flau, ein Drache hing schon kraftlos am Draht und zog auch ganz allmählich die oberen herunter.

Hai an der Angel.

Und für mindestens eine Stunde war das Schiff noch durch die Lotung behindert. Es blieb nur übrig zu versuchen, durch schnellstes Einholen den untersten Drachen aus der flauen Schicht herauszuheben; das gelang nicht. So wurde denn weiter eingehievt, um wenigstens möglichst viel Draht zu bergen. Der unterste Drache kam aufs Wasser, immer noch am Hauptdraht hängend. Er musste ganz langsam an das Schiff gehievt werden, um auf den Draht nicht zuviel Spannung kommen zu lassen. Dadurch wurde kostbare Zeit verloren, in der die beiden anderen Drachen auch aus der Windschicht herausgetreten waren. Sie stürzten dann sehr schnell ab und fielen ins

Drachenflängsseil im Wasser.

Wasser. Doch gelang es dem Schiff, alles zu bergen, die Drachen waren sogar fast unverletzt. Und die Hauptsache: die Registrierung war in der photographischen Kopie tadellos erhalten, vom Seewasser sogar gleich fixiert, während die Russkurve nicht mehr zu entziffern war.

Das Anloten hatte den Zweck, den Abfall des Festlandes zur Tiefsee zu bestimmen und systematische Sammlungen von Bodenproben anzulegen, aus denen die Zusammensetzung des Meeresbodens in den einzelnen Tiefen festgestellt werden sollte. Der durchgreifende Unterschied in der Beschaffenheit der Sedimente, je nachdem sie der Uferzone oder der Tiefsee angehören, bedingt zwei verschiedene Methoden zu ihrer Heraufbringung an das Tageslicht. Auf dem Küstenschelf (der noch zum Kontinent selbst zu rechnenden, meist flachen Umrandung der Küste) findet man bis zu der durchschnittlichen Tiefe von 200 m in der Hauptsache Sände oder Schlick, denen die verschiedensten ozeanischen Bestandteile, wie zerbrochene Muscheln, Kalkalgen etc., beigemengt sind; je weiter nach See, um so feiner wird die Zusammensetzung. Dieser Grund wurde mit einer Grundzange, welche nach dem Modell des Fürsten von Monaco gearbeitet war und sich gut bewährt hat, hochgebracht. Auf grösseren Tiefen, wo der Boden entweder von tonigem oder schlammigem Material bedeckt ist, wurde die Bachmannsche Schlammröhre verwandt, welche Grundproben bis zu einem halben Meter Länge heraufbeförderte. Die Grundproben werden mit einem Schieber aus der Röhre entfernt; ein minimales Quantum der Proben wurde sodann zur mikroskopischen Untersuchung auf einem Präparatenglas fixiert. Ein Blick in das Mikroskop zeigt, dass z. B. im Atlantischen Ozean meist der braune Schlamm aus unzähligen kleinen, abgestorbenen Organismen, sogenannten Globigerinen, besteht; bei Grundproben aus Tiefen über 5000 m ändert sich jedoch das Bild, die Globigerinen-Schalen ver-

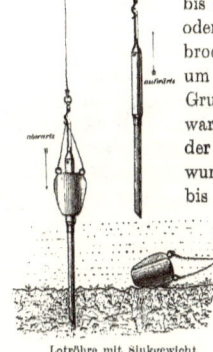

Lotröhre mit Sinkgewicht auf dem Grunde.

Globigerinenschlamm.
Aus dem Handbuch der Ozeanographie von Dr. Otto Krümmel.

schwinden und der körnige Charakter verliert sich mehr und mehr. Für diese Art des Bodens hat sich nach Farbe und Beschaffenheit der Name „Roter Ton" eingebürgert; seine Entstehung ist noch keineswegs aufgeklärt. Seine chemische Zusammensetzung weicht gänzlich von der des Globigerinenschlammes ab, vielfach sind in ihm deutlich vulkanische Beimengungen enthalten. Zuweilen wird in den oberen Schichten der Probe Globigerinenschlamm und darunter roter Ton gefunden, so dass eine Hebung des Meeresbodens angenommen werden muss, in anderen Fällen treten im Tiefseeton sandige Beimengungen auf, die von Kontinenten stammen müssen.

Im ersten Tagesgrauen des 24. Februar 1906 kam die Küste in Sicht; ein hohes, mächtiges Gebirge mit abgerundeten, abgewitterten Gipfeln — die Sierra Leone. Am Nordende dieses isolierten Küstenmassivs liegt die Stadt Freetown, die Hauptstadt der nach dem Gebirge benannten englischen Kolonie Sierra Leone. Der Küstenstrich liegt eingekeilt zwischen Senegambien im Norden und Liberia im Süden, und da er direkt am Abhang des mächtigen nach Französisch-Guinea sich ausdehnenden Futa-Djallon-Gebirges liegt, so ist die Küstenebene naturgemäss keine sehr breite. Dafür ist sie sehr fruchtbar und liefert reichlich die Erzeugnisse der tropischen Landwirtschaft.

Die englische Machtsphäre erstreckt sich teilweise 200 km weit in das Innere, dann aber auch wieder beschränkt sie sich in dem südlichen Teil, der Liberia benachbart ist, auf die eigentliche Küste. Der nördliche Teil der Kolonie zeigt zerrissene Küstenformen, zahlreich fjordartige Einschnitte, Flussmündungen, Buchten, Inseln; im schroffen Gegensatz dazu ist die Küste des Südens nahezu völlig geradlinig.

Noch in Erinnerung sind die heftigen Kämpfe, welche die Engländer gegen die Sofa und ihren berüchtigten Oberhäuptling Samory geführt hatten, der den westlichen Sudan sich untertan machte und die europäischen Kolonien ernsthaft bedrohte. Auch nach seiner Gefangennahme war der Friede noch nicht sicher, bis Oberst Ellis endgültig die Sofa im Jahre 1894 bei Bogwewa besiegte.

Gegen Mittag ging S. M. S. „Planet" auf dem Fluss vor der Stadt zu Anker.

Die „Stadt der Freigelassenen", so erklärt sich der Name „F r e e t o w n".

Zurzeit des Sklavenhandels war dies Gebiet mit seinen Schlupfwinkeln und seiner zahlreichen Negerbevölkerung das Dorado der Sklavenjäger gewesen. Hier war der Schauplatz der Tätigkeit des berüchtigten ersten Sklavenjägers Hawkins, hier machte er seine ertragreichen Menschenraubzüge; hier wütete die Gesellschaft, die den Sklavenhandel für die neue Welt betrieb und die es in günstigen Jahren auf eine „Produktion" von 60 000 Köpfen brachte. Nahe Freetown, ein wenig südlich, auf der Insel Sherbro und der umgebenden buchtenreichen Küste waren die letzten Schlupfwinkel der Sklavenräuber in der Zeit des Niederganges dieses Gewerbes, und hier sollte sich das Hauptasyl bilden für die freigelassenen Sklaven, die nach Beendigung des amerikanischen Unabhängigkeitskrieges in Scharen hierhin deportiert wurden. Im Jahre 1807 nahm dann England von der Sierra Leone Besitz und bildete es aus als Station für Landung freigelassener und solcher Schwarzen, die den Sklavenräuberschiffen abgejagt worden waren und als Verbrecherkolonie. Der Eingeweihte sieht es der Bevölkerung der Stadt an, welche Entwicklungsgeschichte sie gehabt hat.

Der Rokel-Fluss, an dessen Mündung Freetown liegt, bildet eine geräumige Bucht, die einen grossen, vorzüglichen Hafen abgibt, den besten an der ganzen Westküste. Auch würde er, von den hohen Bergen im Süden überragt, schön zu nennen sein, wenn nicht die flache, sumpfige, von Mangroven besetzte Nordküste des Flusses, die man in der Ferne erblickt, störende Empfindungen wachriefe. Wenn der Hafen bisher nicht zu hervorragender Bedeutung gelangt ist, so liegt das wohl viel an dem ungesunden Klima.

Ein herrlicher Anblick bietet sich bei der Einfahrt. Gegen den Hintergrund der anmutigen Bergkette, aus den überall hervorlugenden roten Lateritmassen, hebt sich das üppige Grün der Ebene schön ab. Freilich, auch dieses ist nicht allzu dicht und an einzelnen Stellen sogar spärlich, denn das ungesunde Klima hat zur Abholzung gezwungen. Freetown war einer der berüchtigsten Fieberplätze der Westküste, bis die Engländer mit der Assanierung begannen; und wenn auch die Stadt noch keineswegs als fieberfrei gelten kann, so ist doch die Zahl der Fiebererkrankungen bei den ca. 200 Weissen durchschnittlich geringer geworden. Die Stadt ist nunmehr mit ihren breiten Strassen so sehr der Sonne ausgesetzt, dass sie zur Mittagszeit bei der hier herrschenden grossen Hitze kaum besuchbar ist, zumal ein einigermassen brauchbares Hotel völlig fehlt. Der Besuch des Landes beschränkt sich so auf die frühen Morgen- und späten Nachmittagsstunden, wenn man nicht Gelegenheit hat, sich in die gastlichen Kreise der Europäer zu begeben, die hoch oben in den Bergen ihren Wohnsitz haben.

Am Landungsplatz ist alles Sonne und nur einige hundert Schritte weiter oben stehen zwei Bäume, unter welchen sich die Handel treibenden Eingeborenen ansammeln; rechts davon ist eine Markthalle, wo die Negerinnen Vegetabilien und mancherlei industrielle Erzeugnisse feilbieten. Die Häuser der Stadt sind grösstenteils nur Holzbaracken, mit Wellblech bedeckt. Mehr der Eingeborenenstadt zu werden sie teilweise von hübschen kleinen Gärten umgeben, und in einigen Strassen sieht man auch Steinhäuser mit ummauerten Gärten, die an die alte Zeit des spanischen Einflusses erinnern.

Gemäss seiner Vorgeschichte ist das Völkerbild ein sehr buntes, denn man zählt schon im Schutzgebiet selbst ungefähr 12 deutlich unterschiedene Stämme, von denen die Timne in der Hauptsache den Norden des Landes einnehmen und ca. $^2/_5$ der ganzen gegen ein halbe Million zählenden Bevölkerung ausmachen. Sie sind nahe verwandt mit den Susu in Französisch-Guinea. Südlich an der Küste wohnen in der Hauptsache die friedlicheren Mendi. Ist dieses Völkerbild im ganzen Gebiet schon recht bunt, so wird es von dem der Hauptstadt noch bei weitem übertroffen, wo Individuen von fast allen Territorien der ganzen

Strasse in Freetown.

Guineaküste, von Süd-Nigerien und Lagos bis nach Senegambien hinauf, angetroffen werden. Dazu kommt, dass die eigentliche Stadtbevölkerung von etwa 30 000 Eingesessenen, wie schon angedeutet wurde, einem Konvolut von befreiten Sklaven entstammt, welches Ende des 18. Jahrhunderts aus den an der afrikanischen Küste aufgebrachten Sklavenschiffen hier gebildet wurde. Da diese Schiffe ihren Bedarf hauptsächlich an der Loangoküste und am Kongo gedeckt zu haben scheinen, so ist also Freetown ein buntes Gemisch von Sudannegern und Bantublut. Für den Anthropologen wäre ein Studium des so interessanten Materials bei dem nur 3 Tage bemessenen Aufenthalt nicht möglich gewesen, wenn ihn nicht der Offizier der Gesundheit und Hospitaldirektor, sowie der Polizeidirektor hierbei bereitwilligst unter-

Gefangene in Freetown.

stützt hätten. So war es möglich, im Gefängnis eine Reihe von Eingeborenen aus den verschiedenen Gegenden zu messen und zu untersuchen, wobei sich die interessante Tatsache herausstellte, dass keiner dieser Schwärzesten der Schwarzen aus dem Sudan wirklich schwarz zu nennen war, sondern dass sich alle als schwarzbraun erwiesen. Es wäre deshalb richtiger, von dunkelfarbigen Eingeborenen zu reden, aber das Wort „Neger" ist zu sehr eingebürgert und zu praktisch und schön, als dass es sich so leicht ersetzen liesse. Dagegen sind die Haare aller dieser Menschen wirklich russchwarz und meist pfefferkornartig (filfil im Arabischen) auf dem Kopf in kleinen Spiralen verteilt. Hübsch sind die Frisuren der Kinder anzuschauen, bei denen der ganze Haarboden oft in zahlreiche Felder eingeteilt ist, deren Haare in ein Zöpfchen enden. Auch hier, wie bei den europäisch angehauchten melanesischen Frauen der Südsee, sieht man das Bemühen, einen langen Zopf zu erzielen, wie ihn die weissen Mädchen tragen. Vergeblich! Das Zöpfchen bleibt wie ein Rattenschwanz.

Welch eine Masse von Fremdartigkeiten beim Besuche der Eingeborenenstadt! Da sitzt ein Eingeborenenarzt mit seinen Amuletten und Antimonbüchsen gegen Augenkrankheiten, dort sitzen Timneleute vom Futagebirge, welche die schönen, mit Marokkoleder ausgelegten Waffen herstellen, dort am Strande behauen Mendileute einen Einbaum mit den eingeschobenen Schlagäxten, und da verkauft eine Susufrau die Holzlöffel zum Breiessen, Calabassen mit geometrischen Ornamenten verziert und den eigenartigen, tellerförmigen Geflechten, die schon im alten Ägypten zurzeit der IV. Dynastie zum Bedecken und Auftragen der Speisen im Gebrauch waren. Eine unerschöpfliche Fülle; wenn es nur nicht so unerträglich heiss wäre, und wenn der vom Regen durchnässte Lehmboden am Abend nicht Fieber atmete! Auf die Höhe oder an Bord, ist die Parole für den Weissen!

Bei dem Entgegenkommen der englischen Bevölkerung erhielten die Offiziere trotz des kurzen Aufenthalts viel Interessantes zu sehen. Die englische Regierung macht ihren Kolonial-Offizieren und Beamten durch weitgehendste Fürsorge das Leben so angenehm wie möglich. Dazu hat jeder Offizier nach einem Dienstjahr draussen Anrecht auf halbjährigen Urlaub mit vollem Gehalt und Reisegeldern. Die Wohnungen sind hoch hinaufgeschoben, luftig und gut eingerichtet. Die Mannschaften sind durchweg Eingeborene, welche aus dem Inland angeworben werden; sie bringen Frau und Kind mit und leben in kleinen Häusern zu 4 bis 5 Familien. Eine geringe Anzahl weisser Unteroffiziere befindet sich bei jedem Regiment.

„Planet" war über 600 m weit von der Küste zu Anker gegangen, weit genug, um gegen die gefürchteten Stechmücken geschützt zu sein. Gleichwohl musste, um ganz sicher zu gehen, die ganze Besatzung hier zum ersten Male prophylaktisch Chinin nehmen. Chinin nehmen ist keine Annehmlichkeit in den Tropen. Indes, es tut seine Wirkung; das Malaria-Fieber wird gebannt.

Jamestown auf St. Helena.

Zweites Kapitel.
Im Südatlantischen und Indischen Ozean.

Am 28. Februar wurde die Weiterreise angetreten, welche in ihrem Verlauf bis Kapstadt die Erforschung des Walfischrückens, eines von der südatlantischen Schwelle nach Osten abzweigenden unterseeischen Rückens, ozeanographisch zur Hauptaufgabe hatte*). Vor Kapstadt war St. Helena anzulaufen.

Der Kurs führt im Anfang nahe der Küste nach Osten bis 5° W-Länge, um im Guinea-Strom und in windstillen Gebieten möglichst an Luv zu gewinnen und dann später im SO-Passat beim Winde segelnd die Insel ansteuern zu können.

Langsam bewegt sich das Schiff vorwärts. Zunächst werden die Lotungen zur Anlotung des Kontinents, welche vor Freetown begonnen worden waren, zum Abschluss gebracht. Ein Kessel ist zwecks Reinigung bis zur Kursänderung nach Süden abgestellt. Spiegelglatte See, kein Lufthauch; die durch den Ausfall des einen Kessels auf 5 Sm herabgesetzte Geschwindigkeit ist zu gering, um sie an Bord als Zug zu empfinden. Und dazu jene feuchte Hitze, die den Kalmen eigen ist. Endlich kommt der ersehnte Regen, in gewaltigen Strömen — ein richtiger Tropenregen**) —, erquickend für die ganze Besatzung, jene ergötzliche Episoden an Deck zeitigend, welche in den Tropen in dem allseitigen Verlangen nach einem abkühlenden Bad, dem Oberdeck das Aussehen eines grossen Schwimmbades verleihen.

*) S. Reisekarte.
) Angaben über Stärke von Regenfällen: Auf der meteorologischen Station Debundscha am Kamerunberg ist eine jährliche Regenhöhe von **10 m beobachtet; in Assam am Himalaya **12 m**. In Ardschis (Rumänien) ist einmal eine Regenhöhe von 612 mm pro Stunde festgestellt worden.

Drachen klar zum Aufstieg.

Der Guinea-Strom war passiert; er hatte die Reise gefördert und gute wissenschaftliche Ergebnisse gebracht. Eifrig war in dem Stromgebiet mit Instrumenten und Netzen gearbeitet worden, nicht ohne Schwierigkeiten, da infolge der Strömung biologische Netzleine und Lotdraht vielfach voneinander unklar kamen. Die Serienmessungen, systematisch verteilt auf dem Kurse, der senkrecht zum Guinea-Strom und Süd-Äquatorialstrom führte, hatten wertvolle Aufschlüsse über die vertikale Verteilung der einzelnen Faktoren (Temperatur, Salzgehalt und Sauerstoff) gegeben.

Der Kurs südwärts ging bis zu etwa $10°$ S durch unbekanntes Lotungsgebiet. Von hier ab waren wieder Lotungen der „Gauss" vorhanden. Die Lotungen brachten keine Überraschungen und fügten sich gut in das übrige Tiefenbild ein: gleichmässige Tiefe von etwa 5000 m mit geringer Abnahme bei Annäherung an St. Helena. Der Grund besteht fast überall aus Globigerinenschlamm.

Aerologisch führte der Weg von Kap Palmas über St. Helena bis zum Walfischrücken mitten durch die Kalmenregion und das Gebiet des SO-Passats. Hier bot sich für meteorologische Aufstiege, fern von allen kontinentalen Einflüssen, ein reiches und interessantes Feld der Tätigkeit. Leider waren die Wetterverhältnisse denkbar ungünstig; dauernd böig, viel Regen, keine Beständigkeit; der wolkenreiche SO-Passat liess nur an 2 Tagen Ballonsonde-Aufstiege zu. Beim ersten auf $2°$ N Breite, noch im Übergangsgebiet der äquatorialen Stillzone, kam das Ballongespann in der stark wasserdampfhaltigen Luft frühzeitig aus Sicht; in wenigen hundert Metern Höhe verschwanden trotz blauen Himmels die Ballons wie hinter einem Vorhang auf Nimmerwiedersehen. Beim zweiten Aufstieg in $22°$ S und $5°$ O verschwand das Gespann in 12 000 m Höhe hinter Wolken. Wie gewöhnlich war das zeitraubende Suchen nach den Ausreissern ohne Erfolg. Die Beobachtung dieses Aufstiegs von Bord aus ergab aber, ebenso wie ein in $17°$ S und $2°$ O emporgesandter grosser Pilotballon, folgendes bemerkenswerte Resultat: bis 2000 m Höhe SO-Passat, bis 8000 m Stillschicht, darüber schwacher NW. Diese starke Stillschicht macht es erklärlich, dass es bei zahlreichen Versuchen zwischen St. Helena und dem Walfischrücken nicht möglich war, Drachen höher als 2000 m zu bringen. Dazu würde eine Geschwindigkeit gehören, wie sie „Planet" nicht entwickeln konnte. Glücklicher war das Schiff im NO-Passat gewesen, wo die höchste erreichte Höhe 4200 m betrug. Allerdings beanspruchten diese Aufstiege beträchtliche Zeit bis zu 8 Stunden, zum Teil, weil der Draht bei dem schwachen Winde nur langsam ausgelassen werden konnte, um die Drachen im Steigen zu erhalten, zum Teil, weil auch das Einholen bei dem in der Dünung stark arbeitenden Schiff der ruckweisen Beanspruchung des Drahtes halber mit Vorsicht geschehen musste.

Die im SO-Passat erhaltenen Meteorogramme ähneln, wie das vorauszusehen war, denen des nördlichen Passats. Eigenartig und neu ist die im südlichen Teil angetroffene oben erwähnte Stillenschicht.

Am 15. März bei Morgengrauen kam die schroffe Felsmasse von St. Helena in Sicht. Immer noch starke Bewegung im Schiff. Allmählich lässt die Dünung nach; jetzt sieht man Einzelheiten, erkennt, wie zerrissen und zerklüftet die Bergmassen sind, wie zahllose Schluchten nach allen Seiten zu ins Meer gleichsam hinabfliessen. In einer solchen wie mit dem Meissel herausgestanzten Schlucht liegt die Hauptstadt Jamestown. Rechts und links steigen schroff die Felswände empor, nackt und kahl, nur an einzelnen Stellen in der Höhe von spärlichem Krautwuchs grünlich schillernd. Dräuende Felsmassen hängen über den Häusern der oberen Talsohle, man sieht allenthalben Hausruinen, verursacht durch frühere Steinlawinen.

Nur wenige 100 m vom Lande entfernt ging „Planet" auf der offenen Reede zu Anker — zur Zeit des SO-Passats ein leidlich guter Liegeplatz, doch war immer noch soviel Dünung vorhanden, dass die Landung im Boot an der am Ostkap der kleinen Bucht befindlichen Mole mit Schwierigkeit verbunden war. Das Schiff lag völlig allein auf der blau leuchtenden Reede.

Die beiden Felsenkaps, welche die Bucht begrenzen, sind geologisch interessant. Ostwärts ist an dem ca. 100 m hohen aufgeschlossenen Felsenabsturz abwechselnd eine ca. mannshohe harte Basaltschicht, von einer ähnlich dicken Tuffschicht überlagert. Da letztere meist denudiert ist, so entsteht eine weinbergartige Terrassenmodellierung mit recht schroffen Figuren. An einzelnen Stellen sieht man im Basalt auch grosse Drusen, konzentrische Schichtungen, wie an Achatmandelsteinen, und zwar meist an Stellen, wo die Schicht eine bogenförmige Senkung erfahren hat. Am Fuss des gegenüberliegenden Ladderhill-Kaps fällt zwischen ähnlichen Schichtungen ein 1 m breites, bunt gefärbtes Eisensandtuffband auf. In der Mitte der Insel ragt der etwas über 800 m hohe Diana Pik hervor; er sieht von Norden wie ein Kegel aus, ist aber, aus O gesehen, ein langer Kamm. Im Innern der Insel sind viele Felsnadeln von bizarren Formen.

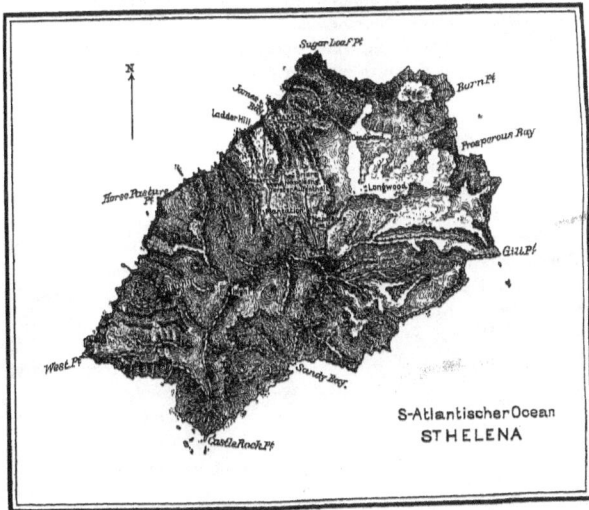

Kaum ein Platz hat die Veränderungen, die der Durchstich des Suez-Kanals im Weltverkehr hervorgerufen hat, so spüren müssen, wie St. Helena. Früher von jedem nach dem Osten bestimmten Schiff als Zwischen-Station angelaufen, liegt es jetzt völlig verlassen da. Je einmal monatlich spricht der Postdampfer auf seiner

Leiter auf den Ladder-Hill von St. Helena.

Fahrt von Europa nach Kapstadt und zurück vor, sonst nur gelegentlich einmal ein Segler, der Kohlen und Proviant auffüllen will. Das Kohlenlager befindet sich am Landungsplatz, an die dunkle Steinwand angelehnt. Der Wert der Insel für England liegt in der Kabelstation. Die Preise entsprechen dem mangelnden Verkehr, also der fehlenden Gelegenheit des Absatzes: 70 M. pro t Kohlen, 10,50 M. pro t Wasser. Auf dem Markt gab es Kraut und grüne Bohnen, Melonen und Apfelsinen. Das Fleisch ist gut und preiswert.

Die ursprünglich reiche, höchst eigenartige, autochthone Flora der Insel ist im Laufe der Jahrhunderte durch europäische Eindringlinge verdrängt worden, die letzten Reste sind vereinzelt in den ältesten Parkanlagen noch erhalten; bald werden nur noch die wissenschaftlichen Herbarien von ihnen zeugen.

Die vulkanische Beschaffenheit der Insel lässt auf geringe mineralogische Schätze schliessen; etwas Mangan ist das einzige, was in letzter Zeit gewonnen ist.

Die Ausmündung des Rinnentales ist nach dem Meere zu abgeschlossen durch altes Gemäuer, Bastionen, welche um das Jahr 1700 gebaut wurden, denn St. Helena ist seit 1651 englische Kolonie, nachdem es den Portugiesen und Holländern zeitweise gehört hatte. Hinter der Festungsmauer, zu der eine Brücke über den alten Festungsgraben führt, beginnt die einzige lange Strasse der Stadt, die, sanft ansteigend, ins hintere Tal hinaufführt. Rechts beim Eintritt in die Stadt liegt das Fussende der 300 m langen Steintreppe, welche auf den 200 m hohen Ladderhill schnurgerade hinaufführt. Sie ladet des öfteren zu sportlichen Betätigungen ein, und gern wird gewettet, dass man die 699 Stufen der Leiter in 5 Minuten ersteigt. Ein Dampferpassagier hatte wenige Jahre vorher seinen Mut mit dem Leben gebüsst, indem er nach seiner Rückkehr an Bord am Herzschlag starb. Offenbar war durch die grosse Überanstrengung eine Herzerweiterung eingetreten, die den Tod zur Folge hatte. Deshalb werden die Fremden jetzt davor gewarnt.

Neben der Leiter führt eine Serpentinenstrasse an der steilen Talseite hinauf zu den Befestigungen und den Kasernen. Oben ist eine seewärts abfallende, stark geneigte Hochebene mit Felsentrümmern übersät, zwischen denen die Strasse hinaufführt zu der Villa des deutschen Konsuls und der Wohnung des Gouverneurs, dem Plantationhouse, die in ca. 600 m Höhe liegen. Je höher man kommt, desto reicher wird die Vegetation. Erst sieht man nur die Opuntien-Kaktusse mit ihren kleinen, roten, essbaren Früchten, dann stellen sich Agaven ein, dann die rotblütigen Korallenbäume (Eryshrina), grosse Hecken des Neu-Seeland-Flachses (Phormium), dann bei 400 m Höhe gelbe Immortellen, Geranium, Ageratum, Wollkraut, Brombeeren, Weiden, Eichen, Kiefern u. s. w.

Der Park am Plantationhouse reiht sich mit seinen alten Baumriesen und schönen Rasenplätzen, den Dickichten und kleinen Schluchten, den schönsten Gartenkunststücken ähnlicher Art an. Und wenn man es auch weiss, dass der Passat mit seinen Niederschlägen auf der

Höhe andere Bedingungen schafft, so muss man bei einer Wanderung von der sterilen Küste in die Berge doch immer wieder staunen über solch einen Wechsel in so geringen Höhenunterschieden.

Auf einer kleinen Hochebene zwischen den Hügeln, welche die Ausläufer der Seitenwände des Tales von Jamestown bilden, liegt der Poloplatz. Von dort führt ein Saumtierpfad, den Felsen abgerungen, die von der Polohochebene in den oberen Talkessel abstürzen, nach unten. Eine wilde Gebirgslandschaft tut sich hier vor den Augen des erstaunten Wanderers auf; schroffe, schwarze Felsenwände ringsum, und im Hintergrunde ein Wasserfall mit einem herzförmigen Ausschnitt aus dem Gestein, wie er zwar alten Bruchrändern an Rinnentälern eigen ist, aber doch selten so schön in Erscheinung tritt, wie hier.

Der herzförmige Wasserfall.

Ein schattiges Tal führt zum Grabe Napoleons und weiterhin nach Longwood, der Wohnung des einstigen Gefangenen, die er von 1815 bis zu seinem Tode 1821 innehatte. Hohe Zypressen und Trauerweiden umstehen die Grabstätte — eine klare Quelle rieselt nahe dabei. Das Grab selbst ist jedoch leer; wie bekannt, ist die Leiche 1840 nach Paris übergeführt und dort im Invalidendome beigesetzt worden.

Die Gebäude, die Napoleon mit seinem kleinen Gefolge auf St. Helena bewohnte, hat der französische Staat erworben. Die Marmorbüste des Verbannten steht noch im Sterberaum; der Name der Insel ist von Napoleon III. auf einer Medaille verewigt worden, die er im Jahr 1857 zur Erinnerung an den Aufenthalt Napoleons I. auf St. Helena stiftete und sämtlichen Mitkämpfern verlieh, die unter französischen Fahnen in den Kriegen von 1792–1815 gefochten hatten. Die Medaille ist bekannt unter dem Namen: „St. Helena-Medaille". —

St. Helena, das grosse Atlantische Gefängnis, begann seine Mission als ultima Thule und als Verbannungsort gleich nach der Entdeckung; die Portugiesen setzten hier einen Edelmann ihres Blutes, Fernandez Lopez, mit einigen Negersklaven in dem Jahre 1513 aus, nachdem sie ihn grausam verstüm-

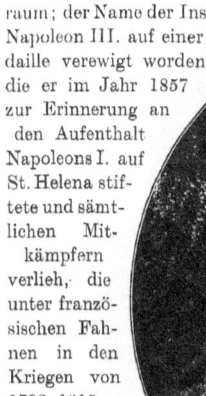

Grab Napoleons auf St. Helena.

melt hatten. 1890 lebte hier in der Verbannung Udinuzulu, der Sohn des berühmten Zulukönigs Ketschewayo mit 2 Häuptlingen, Weibern und Dienern, von denen manch lustige Geschichtchen noch erzählt werden. Dann brachte der Burenkrieg, wie noch in lebhafter Erinnerung, die Verbannung von General Cronje nach hier mit Frau nebst 500 Gefangenen, welch letztere ein grosses Zeltlager auf der Deadwoodhochebene bezogen, nicht weit von Longwood. Cronje aber hatte unter scharfer Bedeckung ein Haus mit Garten auf dem Leiterhügel inne.

Die gerade während der Zeit der Anwesenheit S. M. S. „Planet" umlaufenden Gerüchte, dass die an 250 Mann starke Garnison von St. Helena zurückgezogen werden solle, versetzte die etwa 4000 Menschen zählende Bevölkerung in grosse Unruhe.

Viel Mühe gibt sich die englische Gesellschaft, den Horizont der einheimischen, wunderbar gemischten Bevölkerung zu heben, aber bei dem geringen Aussenverkehr lässt sich hierin wenig erreichen. Selbst eine schöne Natur kann auf die Dauer das Bedürfnis nach Wechsel und Verkehr nicht ersetzen, und so wird St. Helena immer das bleiben, was es ist, eine isolierte Meeresfeste mit historischem Hintergrund.

Am 18. März, nach 4 tägigem Aufenthalt, wurde die Insel verlassen.

Zur Festlegung des bereits erwähnten Walfischrückens wurde zunächst östlich, dann südöstlich gesteuert. Das Vorhandensein dieses Rückens war seinerzeit von Sir Wyrille Thomson und Professor Supan auf Grund der bedeutenden Unterschiede der Bodentemperaturen in der südafrikanischen und der Kap-Mulde behauptet worden. 1898 hatte dann die „Valdivia"-Expedition eine Bank auf 25,5° S und 6° O gefunden, offenbar einen Teil des Rückens; während südwestlich der „Valdivia"-Bank der Rücken auch noch durch andere Lotungen bestätigt worden war, fehlte es dagegen an Lotungen zwischen dieser Bank und dem afrikanischen Festland.

Am 25. März zeigte ein plötzlicher Anstieg der Tiefe von 5058 auf 4029 m an, dass der Rücken „in Sicht", d. h. in Lotnähe war. War dieser tatsächlich nur einmal gelotet worden, so wurde jetzt Tag und Nacht alle 2 Stunden gelotet, verbunden mit Serienmessungen. Am 30. März war die Arbeit beendet und ein endgültiges Ergebnis erzielt. Danach war festgestellt, dass der Rücken mit einer Durchschnittstiefe von 2500 m an das Festland anschliesst, aber nicht in Höhe der Walfischbucht, wie bisher angenommen, sondern bei Kap Frio, das er mit nordöstlichem Verlauf erreicht.

Die Verschiedenheit der Temperatur und des Salzgehalts des Bodenwassers sind ein unanfechtbarer Beweis dafür, dass grössere Lücken in dieser Schwelle nicht vorhanden sind; sie half auch bei der gelegentlich nicht leichten Entscheidung, ob das Schiff nördlich oder südlich des Rückens stand.

Bei den Lotungen, bei denen hier zur Feststellung der Wasserverhältnisse am Grunde meist Thermometer und Wasserschöpfer heruntergegeben wurden, waren infolge Bruch des Lotdrahtes (namentlich bei den in der Nacht ausgeführten Lotungen) zahlreiche Verluste an Instrumenten eingetreten, welche erst in Durban und Colombo ergänzt werden konnten.

Nach Beendigung der Lotungen ging es möglichst nahe der Küste südwärts, vorbei an der Deutschen Kolonie, die zu kurzer Fahrtunterbrechung einlud. Hier, unter der Küste, war weniger starker Gegenstrom zu erwarten, auch konnte mit einiger Wahrscheinlichkeit auf SW-Wind gerechnet werden, der sich hier unter dem Einfluss der grossen Temperaturdifferenz zwischen dem warmen Kontinent und dem kalten Benguella-Strom bildet. In der Tat wurde er auch im südlichen Teil des Weges angetroffen, und zwar soweit westlich gerichtet, dass er zeitweise Segelführung erlaubte.

Klar zur Lotung.
a) Messrad zum Ablesen der Tiefe. b) Wasserschöpfer. c) Kippthermometer.
d) Maximum-Minimum-Thermometer. e) Lotröhre mit Sinkgewicht.

Mit dem Vordringen südwärts wurde das Tierleben*) um das Schiff mannigfaltiger. Zuerst stellten sich Seeschwalben und eine dunkelbraune kleine Sturmvogelart ein, dann kam der erste Albatros; und immer lebhafter wurde es: Kaptauben, andere Arten von Albatrossen und Vögel, die nur wenig bekannt waren. Einigemale wurde gestoppt, um Salpen zu fangen, die, dicht gedrängt, zu Milliarden das Wasser bedeckten, es gelblich färbend, sowie um Riesentang an Bord zu nehmen, der hier auf seiner Reise durch den Ozean den Kurs des Schiffes kreuzte. Zahllose Lebewesen (Taschenkrebse) waren auf ihm zu sehen — eine Fundgrube für den Zoologen.

Die Reise verlief glatt; kurz vor Kapstadt setzte noch ein starker SW — Stärke 7 — ein, mit dem Erfolg, dass das Eintreffen um einen Tag verspätet wurde.

Am 4. April, gegen 2^h nachmittags, wurde die Robbeninsel passiert; um 5^h lag S. M. S. „Planet" auf der Reede von K a p s t a d t zu Anker; am nächsten Morgen wurde im Innenhafen am Kai festgemacht. Das Ende der ersten grossen Etappe Kiel—Kapstadt war erreicht.

Merkwürdig wenig Leben im Hafen; kaum der vierte Teil der gewaltigen Kaiflächen war besetzt. Mit ungeheuren Kosten hat man hier die offene, wegen ihres unzuverlässigen Wetters früher berüchtigte Reede, in einen sicheren grossen Hafen umgewandelt. Zwei gewaltige, parallel vorgeschobene Wellenbrecher schliessen ihn ein, eine Kaimole mit schmaler Einfahrt ist davorgelegt und zahlreiche Kaibrücken im Innern bilden eine enorme nutzbare Kaifläche.

Nach Kapstadt war ein grosser Teil Ausrüstungsgegenstände nachbestellt worden. Der Ozeanograph und der Biologe füllten ihre Vorräte an Chemikalien auf, allerhand Neubeschaffungen waren erforderlich, so Sinkgewichte, von denen weit mehr verbraucht waren als im Plan vorgesehen war, sowie Wasserschöpfer, von denen mehr, als angenommen war, verloren gegangen waren. Nachbestellungen der aerologischen Ausrüstungen gingen ein: Drachen, Draht und ein grosser Vorrat von Ballons, der, da in Pappkartons, also nicht „tropendienstfähig" geliefert, sofort eingelötet werden musste. So war reichlich zu tun. Beide Kessel mussten gereinigt werden, da auf dem Vorstoss nach Süden, für den man auf dauernd schlecht Wetter rechnen konnte, volle Maschinenkraft zur Verfügung stehen musste. Nebenher gingen Reparaturarbeiten mannigfacher Art.

*) Meteorologisches Tagebuch. Bd. II. Aerologie.

Treibender Riesentang mit Hydromedusen.

So waren grössere Unternehmungen ins Innere von vornherein ausgeschlossen. Doch Kapstadt bietet auch in der näheren Umgebung des Interessanten genug. Höchst anmutig sind die zahllosen Villenvorstädte, die zu beiden Seiten der ins Innere und nach Simonstown führenden Bahnlinien liegen. Interessant und merkwürdig ist der Rhodes-Park bei der Station Rondebosch. Ein ausgedehntes Stück Land an den unteren Hängen des Tafelberges ist zu einem grossen Tierpark umgestaltet. Der ursprüngliche Charakter des Landes ist völlig unangetastet geblieben; einzelne Wege hat man hindurchgelegt und Einzäunungen hergestellt, in denen sich die verschiedensten afrikanischen Tierarten aufhalten. Am interessantesten sind die mannigfachen Antilopenarten und grossen Straussenherden. Die Tiere — ausser 2 Löwen — sind nicht in Käfigen eingepfercht, sondern laufen auf grossem Gebiet frei herum.

Über Rondebosch hinaus gelangt man in etwas mehr als 1 Stunde mit der Bahn nach Simonstown an der „False Bay", die tief ins Land einschneidet. Simonstown ist Kriegshafen und Hauptstützpunkt der Kap-Division. Ein eintöniger Ort im Vergleich zu Kapstadt. Die kahlen Felsen, auf die der Wind bis in grosse Höhen den weissen Seesand getragen und in dicker Schicht abgelagert hat, machen einen trostlosen Eindruck. Das Klima ist heiss, heisser als in Kapstadt, wohl eine Folge der warmen Agulhas-Strömung, welche in die Bucht hineinsetzt.

Einige Stationen vor Simonstown hat der mächtige Sandstrand den kleinen Badeort Muizenberg ins Leben gerufen. Trotz der in der False-Bay zahlreich vorhandenen Haie badet man dort sorglos, da das weit hinausreichende seichte Wasser die Tiere fernhält.

In dieser Zeit traf S. M. S. „Sperber" ein, der, von Deutsch-Südwest-Afrika kommend, Kapstadt zu der jährlichen Instandsetzungsperiode des Schiffes anlief.

Am 14. April gegen 11^h lief „Planet" aus; die Kohlenladung war auf jede nur erdenkliche Weise für die bevorstehende Expedition vergrössert worden; Petroleum-Lasten, Oberdeck und Heizräume, alles war zur Aufnahme von Kohlen hergerichtet worden. Zum Kompensieren der Kompasse wurden einige Kurse auf der Reede gesteuert, dann ging es an der Küste entlang nach Süden. Bald verlor der Tafelberg seine charakteristische Form, die sogenannten „12 Apostel" kamen heraus, einer immer zackiger als der Vorgänger, bis schliesslich die Dunkelheit das Land den Blicken entzog. Schon auf der Reede von Kapstadt hatte die Dünung arg gestört, jetzt setzte sie immer stärker ein, die Nachwehen früherer Stürme oder, wahrscheinlicher die Vorboten dessen, was weiter im Süden kommen sollte. Noch war fast völlige Flaute. Luft und Wasser waren bald um das Schiff herum wieder belebt, wie vor Kapstadt. Auch Wale waren in grösserer Zahl zu sehen.

Der Vorstoss nach Süden bezweckte in erster Linie eine Klärung der meteorologischen Verhältnisse in höheren südlichen Breiten. Daneben war ozeanographisch zu arbeiten. In Wirklichkeit trat, da wegen schlechten Wetters mit Drachen und Ballons nichts erreicht werden konnte, die Ozeanographie in den Vordergrund. Sie bestimmte denn auch den Reiseweg, soweit von einer Bestimmung die Rede sein konnte. Wind und Wetter waren für die eigene Fortbewegung zu berücksichtigen, möglichst unbefahrenes Gebiet sollte aufgesucht werden.

„Gazelle", „Challenger" und „Gauss" hatten vom Kap aus etwa rw. OSO gelotet, in Richtung auf die Prince Edward- und Crozet-Inseln; die „Valdivia" war, in der Absicht, die Lage der Bouvet-Inseln endgültig festzustellen, etwa SSWlich gedampft. Nicht ausgelotet war der dazwischen liegende Teil. Es war zu hoffen, auf dem Mittelkurs — etwa SSO rw. — unter ergiebiger Segelführung soweit südlich zu kommen, dass über Form und Tiefenlage der Verbindung zwischen Südatlantischer- und Crozet-Schwelle*), die nach einigen Lotungen der „Valdivia" vermutet wurde, genauere Angaben zu erhalten sein würden.

---

*) S. Reisekarte.

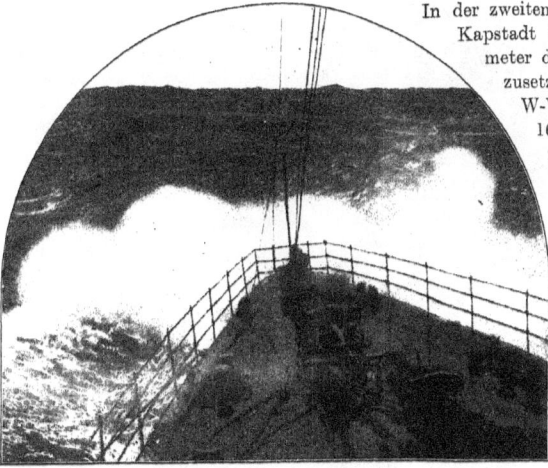

Im Gebiet der braven Westwinde.

In der zweiten Nacht nach Verlassen von Kapstadt begann bei fallendem Barometer der W-Wind stossweise einzusetzen. Das Gebiet der braven W-Winde kündigte sich an. Am 16. und 17. April wehte es mit Stärke 6—9; starke Hagel- und Regen-Böen zeugten von dem Aufruhr in der Atmosphäre; ein mächtiger Seegang war die Folge aller Erscheinungen. Die Bewegung des Schiffes war unerträglich. Hinderlich war die starke Luvgierigkeit des Schiffes, hervorgerufen durch die ungünstige Trimmlage infolge der Kohlenzuladung im Vorschiff. Es gelang trotzdem ziemlich, den beabsichtigten Kurs unter Benutzung der Segel innezuhalten. Um den Dampf lediglich für Vorwärtsbewegung auszunutzen, blieben die Hülfsmaschinen ausser Betrieb; nur die Dampfheizung musste eine zeitlang angestellt werden, da die Temperatur im Verlauf der Reise von 18^0 bis auf $0,2^0$ C. gesunken war. So kam das Schiff noch mit 6 Sm pro Stunde vorwärts.

Sehr interessant waren die Stromverhältnisse und Oberflächentemperaturen während des Vorstosses nach dem Süden*).

Deutlich unterscheidet sich das Gebiet des kalten Küstenwassers mit ca. 13^0 von dem Wasser des Agulhasstromes mit 16—20,8°, um dann überzugehen in ein fingerartig ineinandergreifendes Mischgebiet des warmen Agulhasstromes mit der kalten W-Winddrift. Zweistündlich wurden Temperaturen gemessen und oft Temperaturunterschiede von mehreren Graden festgestellt. Sehr ausgeprägt war der Temperaturwechsel am 17. April Nachmittags auf ca. 40^0 S und $20,2^0$ O, wo um 5^h die Temperatur $19,5^0$, um 8^h 13^0 betrug. Mit dem weiteren Vordringen nach Süden wurden auch die Wassertemperaturen wieder gleichmässiger, um bei der Fahrt nach Norden auf ca. 44^0 wieder dieselben Sprünge zu machen wie westlich auf der gleichen Breite.

Auch die Stromversetzungen deuten das Zusammentreffen der kalten und warmen Strömungen an. Während die allgemeine Stromrichtung östlich war, wurde zwischen 40^0 und 41^0 ein Strom

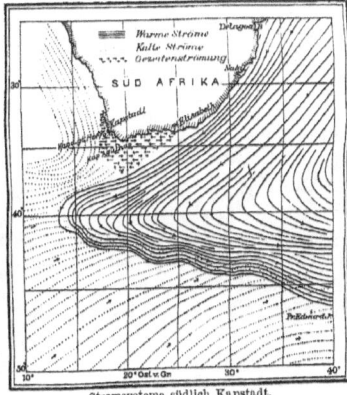

Stromsysteme südlich Kapstadt.

---

*) S. Meteorologisches Tagebuch. Bd. II, Aerologie, sowie Bd. III, Ozeanographie, Kapitel V.

Am Streektau im Sturm.

von N 13⁰ O 51 Sm pro Etmal und bei der Rückfahrt nach Norden auf derselben Breite N 51 ⁰ O 36 Sm festgestellt, während tags zuvor auf 42⁰ S der Strom zu S 53⁰ O 50 Sm und am Tage nachher S 42⁰ O 32 Sm beobachtet wurde. Die Stärke des Strometmals zeigt, mit welcher Gewalt das Zusammentreffen der beiden Ströme stattfindet. Kabbelige, an Brandung erinnernde See ist charakteristisch für das Mischgebiet.

Ein Zusammentreffen mit Eisbergen, die auf dem südlichen Teil dieses Reiseabschnittes leicht angetroffen werden konnten, blieb dem Schiff erspart.

Bei dem schlechten Wetter konnten meteorologische Aufstiege nicht stattfinden. Ballonflüge waren bei der Unmöglichkeit, gegen Wind und See vorwärts zu kommen, von vornherein ausgeschlossen. Die Drachen erreichten bei mehreren Versuchen keine bedeutende Höhe, da sie, offenbar in Windwirbel geratend, in bestimmter Höhe zu „schiessen" begannen. Durch diese Wirbel waren die Drachen nicht hindurchzubringen. So musste von diesen Aufstiegen zunächst abgesehen werden.

Die ozeanographischen Arbeiten, Lotungen, wie Serienmessungen, konnten stets in vollem Umfange durchgeführt werden. Erschwert wurde das Loten durch die hohe See und die dauernd wechselnde Windrichtung. Die biologischen Arbeiten mit dem Schliessnetz mussten schliesslich aufgegeben werden, da Netz und Leine die starke Beanspruchung nicht mehr aushielten.

Die Lotungen ergaben eine erhebliche Vertiefung der Kapmulde nach Süden zu; in etwa 47⁰ Südbreite wurde mit 5716 m die bisher grösste Tiefe dieser ganzen Einsenkung, zugleich die grösste bisher vom „Planet" erreichte Tiefe gelotet. Wenige Breitengrade südlicher ergaben die nächsten Lotungen von 5065 und 4812 m eine Anschwellung gegen die grösste Tiefe der Mulde. Die letztgenannte Lotung fand auf dem südlichsten Punkt statt, in den Nachwirkungen eines Orkans, der tags zuvor teilweise mit Stärke 10 aus Westen geweht hatte; das war am 22. April gewesen. Schon am Abend des 21. war das Barometer plötzlich stark gefallen, ohne, wie bisher stets, danach wieder zu steigen. Doch war das Fallen mit Linksdrehen des Windes und zwar aus N auf NNW verbunden, so dass die Annahme berechtigt war, dass das Schiff nördlich von dem herannahenden Minimum stand. Da die Minima in diesen Breiten mit grosser Geschwindigkeit ostwärts ziehen, so war zu hoffen, dass der südliche Kurs bald auf die Rückseite desselben führen und das Schiff dort besseres Wetter vorfinden würde. Langsam fiel das Barometer weiter, der Wind wehte, immer stärker werdend, von Hagel, Schnee und Regenböen begleitet, ziemlich stetig aus NNW-Richtung. 1ʰ nachts am 23. April wurde über Steuerbord Bug beigedreht; mit dicht gereefter, hart angeholter Fock konnte mit halber Fahrt das Schiff 4 Strich zum Winde gehalten werden. Das Barometer stand auf 731 mm und fiel ständig weiter, so dass es gefährlich schien, sich auf S-Kurs noch mehr dem Minimum zu nähern, das, nach der unregelmässig durcheinanderlaufenden See zu urteilen, auch schon bedenklich nahestand.

Um 6ʰ morgens erreichte das Barometer mit 727,2 mm seinen tiefsten Stand. Kurz nach 4ʰ wurde der Luvkutter, der 8 m über Wasser hängt, von einer See fortgerissen. Zum

Glück blieben beide Schrauben klar, wenn auch an der Steuerbord-Schraube mehrmals harte Schläge zu spüren waren. Beide Davits waren in der Deckspur abgebrochen, sie hingen zunächst noch eine zeitlang an den Seestandern, die schnell gekappt wurden.

Gegen Morgen flaute der Wind ab, und das Barometer stieg langsam. Die wissenschaftliche Tätigkeit wurde wieder aufgenommen; sie wurde trotz der hohen See mit dem Erfolg einer Tieflotung gelohnt. Mit halber Fahrt, bei der sonst 5—6 Sm gemacht wurden, wurde das Schiff hierbei nur auf der Stelle gehalten.

Auf $50°\,40'$ S - B r e i t e wurde der Rückweg angetreten und zunächst mit NO-Kurs der Crozet-Rücken angelotet. Nachdem bei 3700 m Tiefe 60 Sm von den Prince Edward-Inseln entfernt der Ausläufer dieses Rückens mit Sicherheit erreicht war, wurde mit flachem Bogen nach Westen, der den östlichen Ausläufer der Kap-Mulde noch gerade traf, Durban angesteuert.

Am 27. April wurden bei einem Drachenaufstieg auf Station 32*) in 8 stündiger Arbeit 5900 m erreicht. Das böige Wetter hatte es zweifelhaft erscheinen lassen, ob alles würde geborgen werden können. Das Barometer fiel bereits stark, als noch alle Drachen in der Luft schwebten; 6 Drachen waren hoch und 11 km Draht aus. Zeitweise konnten zwischen den Wolken hindurch mit dem Glas alle Drachen gesehen werden. Eine doppelt gekrümmte Kurve bildeten sie; am weitesten nach links standen die höchsten, westlichen oder noch südlicheren Wind anzeigend gegen NNW, der unten herrschte. Der Instrumentdrache tauchte zeitweilig in die hohen Wolken ein; nahezu $20°$ unter Null ergab die spätere Auswertung für die grösste Höhe von 5900 m. Kaum war der letzte Drachen — der Instrumentdrachen — an Bord, als das Unwetter einsetzte. Der Erfolg konnte zu ungeteilter Freude an Bord anregen; die Arbeit war unter den schwierigsten Verhältnissen eingeleitet worden und hatte einen guten Ertrag gezeitigt.

Der Wind flaute am Abend ab, drehte aber soweit nördlich, dass Segel nicht gefahren werden konnten.

Inzwischen war ständig weitergelotet worden, auch die Planktonfänge wurden wieder aufgenommen. Die Lotungen ergaben für den Ostausläufer der Kap-Mulde bemerkenswert grosse Tiefen — 5400 m — und zeigten, dass dieser sich weiter nördlich ausbuchtet, als vermutet wurde. Die dann folgenden Lotungen auf der Crozet-Schwelle ergaben nahezu völlig gleiche Tiefen.

Das Wetter hatte sich so gebessert, dass am Sonntag, dem 28. April, früh, ein Pilotballon mittlerer Grösse — 1 m — hochgelassen werden konnte. Er konnte bis 7000 m Höhe verfolgt werden, wobei in den oberen Regionen W-Wind festgestellt wurde. Zum Ballonsonde-Aufstieg schien es nicht wolkenlos genug. Am nächsten Morgen war es jedoch so klar und so wenig Bewegung in der Luft, dass ein solcher gewagt wurde.

Lotgen.

*) S. Reisekarte.

Durban

Nach 30 Minuten platzte der eine Ballon, der Instrument-Ballon konnte nicht weiter beobachtet werden und ging schliesslich verloren. Die Hoffnung, ihn auf dem berechneten Landungspunkt zu treffen, täuschte; er wurde trotz mehrstündigen Suchens nicht gefunden. Offenbar hatte der Kautschuk gelitten, denn beide Ballons waren sehr stark aufgeblasen worden. Der stärker gefüllte hatte nahezu 4 kg Auftrieb. Es schien nur die Erklärung möglich, dass der schadhafte Kautschuk das Gas bei grösserer Spannung allmählich austreten liess, so dass der nichtgeplatzte Ballon zuviel an Auftrieb verlor, um nach dem Landen das Instrument noch zu tragen. In der Undichtigkeit fand vielleicht trotz starken Aufblasens auch das späte Platzen seine Erklärung. Für die Folge musste es daher als erwünscht erscheinen, den Aufstieg nach Zeit oder Höhe durch eine Abwurfvorrichtung zu begrenzen. Es sollte versucht werden, in Durban von einem Feinmechaniker einen derartigen Apparat herstellen zu lassen.

Am 1. Mai wurde wieder ein Drachenaufstieg veranstaltet. Es gelang nicht, eine grössere Höhe wie 2600 m zu erreichen. Der Instrumentdrachen fing beim Abstieg an zu schiessen und fiel ins Wasser. Wie stets bisher, wurde er auch diesmal gerettet.

Als am 3. Mai eine Tiefe von 3600 m die Nähe des Festlandes anzeigte, wurde die wissenschaftliche Tätigkeit eingestellt. Wind und Wetter wurden günstig, und da sich nur geringer Gegenstrom äusserte, näherte sich das Schiff schnell seinem Ziele. Am 5. Mai, morgens 8^h lag es in D u r b a n festgemacht am Kai.

Dr. Krämer hatte den Vorstoss nach Süden nicht mitgemacht, sondern hatte von Kapstadt aus über Land Nord-Transvaal besucht und dort anthropologische Studien gemacht. In Durban schiffte er sich wieder an Bord ein.

Kapstadt sowohl als Durban sind Städte von echt englischem Typus. Man könnte ebenso gut in Australien und Neu-Seeland sein, ja, man könnte plötzlich nach Süd-England versetzt sein und würde kaum einen Unterschied wahrnehmen. Das Charakteristikum dieser Städte ist, dass die Geschäftsviertel breite Strassen mit wenig künstlerischem Schmuck haben; der profane Kontorstil herrscht vor und unfreundliche Plakate drängen sich den Augen auf. Dafür ist die Umgebung der Stadt mit Landhäusern übersät, deren jedes ein lauschiges Gärtchen anstrebt, in welchem die Vegetation Englands und die kosmopolitischen Ziersträucher den ersten Platz einnehmen. Von farbigen Eingeborenen ist in diesen Städten meist verschwindend wenig zu sehen; nur Durban macht hier insofern eine gewisse Ausnahme, da es als Hauptverkehrsmittel das Jinriksha, die „Kulikarre", besitzt, welche von jungen Zuluburschen in phantastischen weissen Kleidungen, den Kopf oft mit Hörnern geschmückt, gezogen wird.

Dass die Zulu, die stolzen Feinde der fremden Ansiedler, sich zu solchen Diensten herbeilassen, zeigt deutlich, dass ihre Kraft gebrochen ist. Zwar ist ganz Natal noch von den Eingeborenen besetzt, und man braucht oft nur wenige Schritte von der Eisenbahn aus ins Land zu gehen, um an ihre Kraale zu gelangen, in denen sie noch vielfach in alter Tracht und nach ureigensten Gewohnheiten leben, aber Jahr um Jahr werden sie mehr und mehr zurückgedrängt und der heutige Zustand Neu-Seelands, um nicht zu sagen Australiens, wird bald erreicht sein. „The Zulu in three tenses" ist ein nettes kleines Buch des Oberinspektors der Eingeborenen-Schulen von Natal, Robert Plant, das 1905, nicht lange vor dem Eintreffen S. M. S. „Planet", in der Hauptstadt Pietermaritzburg erschienen war: es gibt die älteste, neuere und neueste Zeit übersichtlich wieder.

Es ist kein Zweifel, dass der letzte Zeitabschnitt schon sehr vorgerückt ist.

Diese Besiedelungsgeschichte von Natal, die Ankunft der Buren, dann der Engländer, die steten Kämpfe und die modernen Staatenbildungen sind ein Stück Weltgeschichte. Die älteren Begebenheiten unter den Zuluherrschern findet man übersichtlich und umfassend dargestellt in Bryants Zulu-English Dictionary, das 1905 zu Marianhill gedruckt wurde, dem grossartigen Trappistenkloster, das mitten im Eingeborenengebiet, nicht weit von der Bahnlinie von Durban nach Pietermaritzburg, liegt.

Der Verfasser beginnt seine Abhandlung mit folgendem Satz: The history of the Zulu people is the history of the whole Bantu race, and the history of the Bantu race is the history of the half African continent. Das ist sicher nicht übertrieben. Es ist eine schöne Rasse, diese Zulu, diese „ungläubigen Kafirs", die uns als „Kaffern" so geläufig sind. Sieht man vom Haar ab, das in seiner spiraligen Pfefferkornform sehr dem der übrigen Neger gleicht, so erinnern ihre muskulösen ebenmässigen Gestalten sehr an die Fidjianer der Südsee. Man hat in ihrer Sprache, die ähnlich der Hottentotten- und Buschmannsprache einige Schnalzlaute besitzt, Ähnlichkeiten mit dem malayischen Sprachidiom entdeckt, was bei der Nähe der Hova auf Madagaskar an und für sich nicht so wunderbar ist. Aber sogar papuanische Wortstämme scheinen bei den Zulus vorhanden zu sein, und so darf man getrost behaupten, dass dieses nun auch dem Untergang verfallene Volk ein hohes allgemeines Interesse für sich beanspruchen darf.

Die neuere Geschichte ist in ihren Wirkungen mit der von Neu-Seeland und Australien völlig gleich. Der Weisse setzt sich fest, und wenn er kräftig genug sich entfaltet hat, kommt die Regierung und die Flagge. Durch Begünstigung der Einwanderung wächst die weisse Bevölkerung im Lande sehr schnell. Es kommt zu Kämpfen, der Eingeborene unterliegt und verhält sich eine zeitlang ruhig.

Zur Zeit des Aufenthaltes S. M. S. „Planet" in Durban gährte es wieder im Innern. Es scheint, dass die Kopf- und Hüttensteuer und die Landenteignung für den Schwarzen den Anlass gab. Umfassende Vorsichtsmassregeln wurden in Durban getroffen, freiwillige Bürgermilizen exerzierten täglich, man wollte sich selbst helfen und eigene Tatkraft zur Geltung bringen. Der „Kriegszustand" wurde empfindlich gespürt an dem gänzlichen Fehlen der Jinriksha nach 10^h abends; die Kulis durften nachts ihre Wohnungen nicht verlassen, oder zogen zu ihren Verwandten inlands.

Neben den Zulus gibt es viele Inder. Man musste sie einführen, da die Zulus als Arbeiter und als Dienstpersonal ungeeignet sind. Vielfach haben dann die Inder, wenn sie ihre kontraktliche Dienstzeit hinter sich hatten, sich selbständig gemacht als Kleinhändler. Und sie fügen, wie weiter nach Osten die Chinesen, durch ihre Anspruchslosigkeit den weissen Konkurrenten grossen Schaden zu. So kommt es, dass der weisse kaufmännische Mittelstand hier in Natal sehr gering ist.

Port Natal oder Durban — beide Bezeichnungen werden nebeneinander gebraucht, doch bezeichnet Port Natal eigentlich die Hafenstadt, Durban die Geschäfts- und Villenstadt — hat den besten Hafen an der ganzen Ostküste; das portugiesische Lorenzo Marques vielleicht ausgenommen. — Der Hafen ist ein merkwürdiges Gebilde.

Rigsha-Zulu in Durban.

In Urzeiten lag vor der Festlandküste südlich des jetzigen Durban eine Felskette, die durch Landhebung später zum Teil mit dem Kontinent in Verbindung trat. Im Norden blieb ein Teil der ursprünglichen Meerenge zurück, eine Bucht, die nach Norden zu breit offen war. Durch Sandablagerung wurde hier die breite Öffnung schmaler und schmaler, bis schliesslich zwischen der Felskette — Bluff genannt — und der Sandbank nur eine kleine Einfahrt blieb. Die Sandbank hat man mit Dämmen befestigt, von ihr aus und auch vom Bluff aus je einen Wellenbrecher nach ONO ziemlich weit hinausgebaut und die Einfahrt und die Bucht ausgebaggert. So ist ein geräumiger, völlig geschützter Hafen entstanden, dessen Vergrösserung je nach Bedarf durch weiteres Ausbaggern der Bucht nichts im Wege steht.

Stadt und Umgebung sind wunderbar schön, vor allem bieten die Europäer-Wohnungen an den Abhängen des Berea mit ihren üppig tropischen Parkanlagen ein bezauberndes Bild. Eine aufblühende Stadt, das ist der Eindruck, den man überall hat. Reges Leben und Treiben in den sauberen Strassen; ein erfreulicher Anblick. Es scheint, als ob Durban durch eine günstige Lage am Indischen Ozean und wegen der Nähe der Gold- und Diamantenfelder im Innern des Kontinents Kapstadt zu überflügeln bestimmt ist. Man bedenke, dass Transvaal im Jahre 1905 für mehr als 20 Millionen Pfund Sterling, also fast für eine halbe Milliarde Mark Gold produzierte, weit mehr als ein Viertel der Gesamtproduktion der Erde.

Der Aufenthalt in Durban sollte benutzt werden, um die Phototheodolite, welche auf der Reise durch Tropeneinflüsse Schaden gelitten hatten, und somit für photogrammetrische Wellenaufnahmen noch nicht hatten benutzt werden können, wiederherzustellen, sowie um die Balloneinrichtung zu vervollkommnen durch Anbringung einer Abwurfvorrichtung*). Es gelang, hierfür einen Mechaniker zu gewinnen, der die Phototheodolite reparierte und eine Abwurfvorrichtung konstruierte. Nach den Vorführungen im Laboratorium an Land war zu hoffen, dass die Instrumente nach Wunsch arbeiten würden.

Am 12. Mai lief S. M. S. „Bussard", von Dar-es-Salam kommend, ein. Die Besatzung hatte zum Teil in dem Eingeborenen-Aufstand 1905/06 mitgekämpft, in dem, wie bekannt, S. M. S. „Bussard" zunächst durch Überführung der Schutztruppe von Dar-es-Salam in das Aufstandsgebiet und dann durch Entsendung von Detachements aus der eigenen Besatzung mitgewirkt hatte.

---
*) Über Abwurfvorrichtung, siehe Bd. II, Aerologie S. 63.

Wolkengebilde auf der Höhe von Madagaskar.

Drittes Kapitel.
Im Passatgebiet des Indischen Ozeans.

Am 14. Mai verliess S. M. S. „Planet" Durban, um mit grossem Bogen nach Norden unter Anlaufen von Madagaskar, Mauritius und Colombo den Indischen Ozean nach dem Malayen-Archipel hinüber zu durchqueren.

Entgegen dem ursprünglichen Reiseplan, nach welchem als nächstes Ziel St. Mary bestimmt war, musste zuvor noch Tamatave, an der Ostseite Madagaskars, angelaufen werden, um Kohlen zu ergänzen, die, wie das Kommando in Erfahrung gebracht hatte, in St. Mary nur zur Entnahme durch französische Kriegsschiffe lagern.

Die Hurras der „Bussard"-Besatzung und eines deutschen Vollschiffes geben dem ausfahrenden Schiffe das Geleit. Vorbei geht's am Bluff durch die Molen ins Freie und unter Ausnutzung der kräftigen Landbrise für eine wirksame Segelführung neuen wissenschaftlichen Zielen entgegen. Die Klärung der Bodenformen zwischen SO-Afrika, Madagaskar und dem Crozet-Rücken hatte das Schiff als ozeanographische Hauptaufgabe.

Es galt vorerst eine Untiefe aufzusuchen, welche auf den Tiefenkarten in 37⁰ S und 42⁰ O als Slot van Capelle mit 112 m Wasser verzeichnet stand. Dieser Untiefe, die auf einzelnen älteren Lotungen fusste, war ein weitreichender Einfluss auf den Tiefenkarten eingeräumt worden.

Am 16. Mai wurden wider Erwarten 1500 m gelotet, 3000 m sollten es sein. Da jedoch keine Grundprobe erhalten ist, wird die Lotung wiederholt. Hierbei bricht bei 100 m der Draht; Lotspindel, 2 Thermometer und der neue Kapstädter Wasserschöpfer, der in Durban eingegangen war, gehen verloren. Mit „Bordmitteln" wird ein leidlich brauchbarer Wasserschöpfer

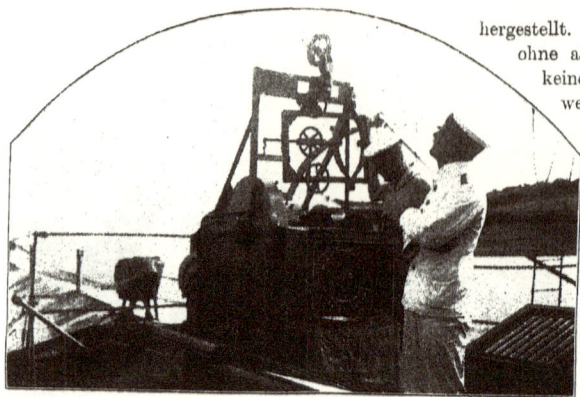

Drachenbeobachtung.

hergestellt. Auch die 2. Lotung — ohne alle Instrumente — ergab keine klare Grundberührung, wenngleich bei ca. 1500 m die Spannung fiel. Wieder keine Grundprobe. Beim dritten Versuch wurden 1490 m einwandfrei gelotet; Spuren von Globigerinenschlamm waren im Talg, mit welchem die Schlammröhre aussen belegt worden war. 10 Sm weiter wurden 1370 m und am nächsten Tage bereits 5000 m gelotet. Es erhebt sich also mitten in tiefem Wasser eine vom Festland anscheinend isolierte Bank.

Nachdem vom 18. bis 20. Mai ohne Erfolg nach der Slot van Capelle-Untiefe gesucht worden war, wobei die Lotungen als geringste Tiefe 4700 m ergaben, wurde mit nördlichem Kurse Madagaskar angesteuert. Der Wind, der bisher aus nördlicher Richtung geweht hatte, drehte nach Süden und erwies sich, da er in Stärke 4—7 wehte, als ein willkommenes Fortbewegungsmittel. Mit der Veränderung nach Norden wurde der Wind indessen unbeständig.

Aerologische Forschungen wurden im Verlauf der Reise mit drei Drachenaufstiegen angestellt. Mit denselben erreichte man Ergebnisse aus Regionen von 3300 bis 5600 m Höhe. Hierbei kamen bei dem einzelnen Drachenaufstieg, der etwa 6 Stunden Zeit zur Durchführung beanspruchte, bis zu 8 Drachen zur Verwendung. Zur schnelleren und besseren Handhabung des Drachendienstes hatte das Kommando den einzelnen Drachen Namen verliehen, wie Olymp, Odin, Zeus, Freya usw. Die Aufstiege gelangen gut. Es ist der Vorzug der Drachenaufstiege von einem Fahrzeuge aus, dass man in Kurs- und Geschwindigkeit sozusagen Regulierventile für die Drahtspannung hat, die bei genügender Praxis tadellos arbeiten. Aber Praxis spielt auch hier eine Hauptrolle. Oft genug wurde bei den ersten Aufstiegen dieses Regulierventil zu weit geöffnet, zu schnell Fahrt vermindert oder zu schnell mit dem Schiff abgedreht; das zuvor in mühsamer Arbeit Erreichte ging hierdurch verloren; die Drachen fielen unvermutet schnell und es kam Unordnung in das ganze Gespann, die häufig genug dazu führte, dass einer der Nebendrachen sich in den Hauptdraht verwickelte und zu schiessen begann. Jegliches Höherkommen war dann ausgeschlossen, falls es nicht gelang, durch raschestes Auslassen und plötzliches Wiederanhieven — ein gewagtes Manöver — einen Ruck auf den Draht zu bringen, der den schiessenden Drachen freimachte.

Der letzte Drachenaufstieg vom 13. Mai war besonders interessant. 6 Drachen standen, oben schien sehr starker Wind zu herrschen. Zeitweise waren zwischen den Wolken hindurch alle Drachen zu sehen. Scheinbar senkrecht standen die beiden obersten, im Bogen um sie herum waren die übrigen zu sehen, ein eigenartiger Anblick; 10,3 km Draht waren aus, das Instrument stand über 30° hoch, also mehr als 5000 m Höhe erreicht, eine gute Leistung. Schwierig war das Einholen, da mittlerweile der Wind in den unteren Schichten völlig flau geworden war, und danach die Gefahr bestand, dass die Drachen bei dem schwachen Unterwind ins Wasser fielen. Hohe Fahrt war also nötig, erhöhte Spannung im Draht hiervon die Folge, ein Bruch des Drahtes danach leicht möglich. Die Schwierigkeiten wurden jedoch in langer angestrengter Arbeit glücklich überwunden und sämtliche Drachen der Reihe nach geborgen. Zum Schutz gegen Bruch des Drahtes war ein Kurs gewählt worden, der vor dem Oberwind führte und somit die durch die oberen Drachen ausgeübte Belastung verringerte.

Sämtliche Drachenaufstiege zwischen 36⁰ und 30⁰ S Breite stellten die geringe Temperaturabnahme in vertikaler Richtung fest, wie sie für jene Gegenden nach den bisherigen Theorien über die Luftzirkulation vorausgesetzt werden musste. Es strömt Luft von oben nach unten, kommt unter grösseren Druck und erwärmt sich dabei. Auf diese Weise muss eine geringe Abnahme der Temperatur nach oben zu eintreten. Ähnliche Resultate waren in der Biscaya erzielt worden.

Zu Ballonaufstiegen hatte sich in diesem Gebiet östlicher Winde und hohen Luftdrucks niemals Gelegenheit gefunden.

Inzwischen hatten die Lotungen weitere Überraschungen gebracht; in etwa 32^0 S-Breite wurden 1775 m gelotet; also eine neue Bank, nachdem zuvor grosse Tiefen, nicht unter 4500 m gefunden worden waren. 2 weitere Lotungen ergaben 1500 und 2000 m in kaum 12 Sm Abstand voneinander: mithin ziemlich unebener Boden. Die weiteren Lotungen in ca. einem Breitengrade Abstand voneinander, wiesen eine allmähliche Senkung des Rückens bis auf 2800 m nach und danach steilen Anstieg zur Küste von Madagaskar. Von 28^0 Südbreite ab wurde bekanntes Gebiet befahren und daher nicht mehr gelotet. Längs der Küste wurden später noch 2 Zickzacklinien gelegt zur Feststellung des Abstandes der ozeanischen Tiefen von der Küste. Die kleine Lucas-Lotmaschine fand hierbei gute Verwendung. Die Lotungen ergaben einen gleichmässigen, allerdings sehr starken Abfall zur Tiefsee.

Zahlreiche Haie stellten sich bei den Lotungen ein.

Schwache Anzeichen des SO-Passats waren von etwa 27^0 Südbreite an wahrzunehmen gewesen. Sie verschwanden mit der Annäherung an die Insel. Nach einem Gebiet völliger Flaute wurde weiter nordwärts monsunartiger Wind mit nördlicher Richtung festgestellt. In dem Stillengebiet war häufig eine wunderbar farbenprächtige Beleuchtung beim Sonnenuntergang zu beobachten, von der als besonders merkwürdig die smaragdgrünen Cirri nach Verschwinden der Sonne in Erinnerung blieben. Im übrigen ähnelte diese Stillzone in ihren Wolkenbildungen und der stark dunstigen Atmosphäre an die äquatoriale Kalmenzone.

Wellenaufnahmen wurden bei sich bietender Gelegenheit gemacht. Das Wetter war, wenn einigermassen hohe See vorhanden war, stets trübe. Die Negative waren genügend scharf, jedoch recht dünn, eine Folge der ungünstigen Beleuchtung, wahrscheinlich auch noch zu geringer Übung im Entwickeln. Ein längeres Expositionsmoment als das durchschnittlich eingestellt gewesene, einer Schlitzöffnung von 2 cm entsprechend, konnte nicht genommen werden, da sonst bei den heftigen Bewegungen des Schiffes kein scharfes Negativ erzielt worden wäre, wie Versuche vorher gezeigt hatten. Die bisher

Hai an der Angel unterhalb der Wasseroberfläche, seitlich der Pilotfisch.

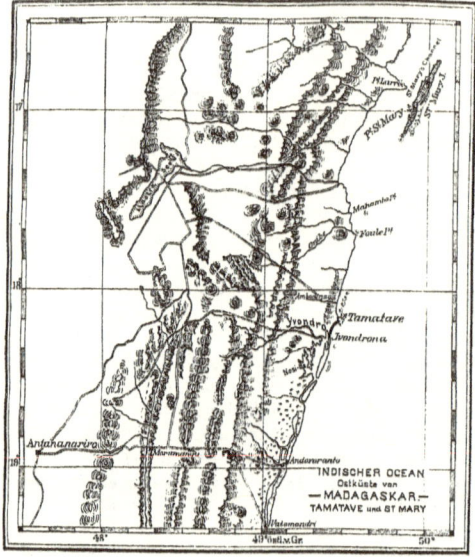

gewonnenen Erfahrungen zeigten, dass für ein so kleines Schiff wie „Planet" die Grenze der Aufnahmemöglichkeit ungefähr bei Seegang 5 und Windstärke 6—7 liegt. Wird diese Grenze überschritten, so ist ein gutes ausmessbares Plattenbild nicht mehr zu erhalten.

Bezüglich der Stromverhältnisse wurde gefunden: NW, also Passatdrift, bis etwa 50 bis 60 Sm an die Küste hinan. Dann nach einem schmalen Strich stromlosen Gebiets SSW- bis SW-Strom. Um über etwaigen Unterstrom unterrichtet zu werden, wurde in der Höhe von Tamatave auf ca. 50 m Wasser geankert zu Strommessungen mit den dazu vorhandenen Apparaten, dem Stromrichtungsmesser nach Aimé und dem Geschwindigkeitsmesser nach Arvidson. Es wurde kein Unterstrom gefunden.

Am 29. Mai 4 Uhr morgens kam T a m a t a v e in Sicht; 2 Stunden später lag das Schiff dort zu Anker, auf einer offenen Reede, die nur durch Riffe, über welche die Seen in mächtiger Brandung hinwegstürzen, einigermassen geschützt ist. Tot sah es im Hafen aus; eine in die See gebaute mächtige hölzerne Brücke mit modernen Dampfkränen gibt dem Auge Veranlassung, sie auf ihre Verwertung für den Handel zu prüfen. Doch kein Schiff oder Prahm lag daran, kein Mensch war auf der Brücke selbst zu sehen. Sie erscheint wegen des fehlenden Schutzes gegen Seegang kaum für Schiffe benutzbar.

Boulevard von Gallent, Tamatave.

Toilette auf der Strasse (Madagaskar).

Auf einer Landspitze liegt Tamatave, der Haupthafenplatz Madagaskars. Den nördlichen Halbkreis des Landvorsprungs nimmt der grossartig angelegte Boulevard Galieni ein, dem Boulevard des Anglais in Nizza nicht unähnlich. Nur macht sich westwärts vom Ankerplatz, wo das Riff nicht mehr schützend wirken kann, die indische See geltend. Zur Zeit starker Winde zaubern die grossartigen Brecher hier herrliche Bilder hervor.

Eine der schönsten Anlagen am Boulevard nahe der Landungsstelle ist die Faktorei der Firma O'Swald aus Hamburg, deren Vertreter das deutsche Konsulat innehatte. Ein hübscher Hotelgarten liegt in der Nähe am Landungsplatz bei der Landspitze und nahebei an der Hauptstrasse die Post, der Bahnhof und ein Administrationsgebäude mit einem reichhaltigen Kolonialmuseum, das eine treffliche Übersicht über die geographische Erschliessung Madagaskars durch sein reiches Kartenmaterial und durch anthropologische Sammlungen ermöglicht. Fast alle Häuser sind aus Holz, niedrig und einfach, aber sauber und gediegen. Man sieht die ordnende Hand der Kolonisatoren. Besonders schön kommt dies am Westende der Stadt zum Ausdruck, wo die Eingeborenen, in der Hauptsache dem hier an der Küste ansässigen Stamm der Betsimisaraka angehörend, in Reservationen, wie in einem grossen Zeltlager angesiedelt sind. Stundenlang kann man hier durch die verschiedenen Quartiere schlendern, und überall bewundert man die netten kleinen viereckigen Häuschen, auf niedrigen Pfählen, mit Blättern verkleidet und bedeckt, und fast jedes umgibt ein kleiner Bambuszaun mit einem Gärtchen. Zwischen den einzelnen Reservationen sind Wasserläufe gezogen; alles atmet Ordnung und

Dünen auf Madagaskar.

Sauberkeit und erzwingt die Achtung des Besuchers. Ein Gefängnis entragt wie eine alte Festung der Ebene; es bot Gelegenheit, Körpermessungen vorzunehmen, zu welchem Zweck der Polizeiinspektor dem Oberstabsarzt Krämer bereitwilligst den Eintritt gestattet hatte.

Ist die Nordbucht mit dem herrlichen Boulevard Galieni eingesäumt, so ist der, nahe der Spitze nur wenige hundert Schritte entfernte Südstrand als absoluteste Wildnis ein eigenartiger Kontrast. Hier dehnen sich grosse Sanddünen aus, breiter und höher werdend, je mehr sich die Küste südwärts wendet. Es lagert sich dem Lande so ein streckenweise viele 100 m breiter Dünengürtel vor, der eine ansehnliche Höhe erreicht. Alle Wasserläufe, die dem Meere zustreben, werden durch diese Sandanhäufungen abgelenkt und müssen oft weithin parallel dem Strande laufen, bis ein günstiger Platz die Ausmündung erlaubt. Dies kann man an einem Bache südlich von Tamatave, dem Mananareza, sehr deutlich sehen und dort sieht man auch, wie Stürme und Fluten die Flussrichtung jeweilig verändert haben, so dass streckenweise sehr lange Altwasser entstanden sind. Durch diesen Dünengürtel fährt eine Kleinbahn etwa 10 km südlich bis Jvondrona, welches an dem breiten Flusse Jvondro liegt, an einem Altwasser zugleich, das die ehemalige Mündung des eben genannten Mananareza in den Fluss darstellt. Vom Meer ist Jvondrona durch den ca. 500 m breiten Dünengürtel getrennt.

Der grosse Fluss, bevölkert durch Krokodile, mündet nicht bei Jvondrona, obwohl er nur wenige 100 m vom Meere entfernt ist, sondern erst einige Kilometer weiter südlich, wo ein Durchbruch in der Dünenbarre ihm den Abfluss ermöglicht. So entstanden von Jvondrona südwärts die schönen stillen Wasserstrassen längs des Strandes, die bekannten Pangalane*), die man in letzter Zeit auf Hebungen zurückzuführen geneigt ist. Auf diesen Pangalanen fahren Dampfer bis Andovoranto bezw. dem nahe dabei gelegenen Brikaville, der Bahnstation für die Fahrt nach der Hauptstadt Antananarivo auf dem Hochlande. Einen ganzen Tag braucht man von Tamatave bis Brikaville, wo zum erstenmal genächtigt werden muss. Der zweite Tag vergeht auf der 77 km langen Bahnstrecke von Brikaville bis Moramanga, und die letzten 70 km muss man auf einem Automobil am dritten Tag zurücklegen. Kein Wunder, wenn Handel und Wandel noch auf jener Hauptstrecke darniederliegen.

Bei dem nur auf wenige Tage bemessenen Aufenthalt S. M. S. „Planet" in Tamatave musste daher ein Ausflug nach der Hauptstadt der Hova, der herrschenden malayischen Bevölkerung auf dem Hochlande, unterbleiben. Dagegen wurde die Zeit angenehm ausgefüllt mit Ausflügen in die Umgebung, die meist im Pousse-Pousse, wie hier das Jinriksha von den Franzosen genannt wird, ausgeführt wurden. Einer galt dem botanischen

Marktplatz in Jvondrona.

*) Eigentlich richtiger Panalalana, von la lana „Weg".

Garten, welcher etwa 12 km nordwärts zu beiden Seiten des Flusses Ivolina liegt; die Strecke wurde von den 3 Pousse-Pousse-Leuten, von denen einer zog und zwei schoben, in $1^1/_2$ Stunde zurückgelegt. Der Garten ist zugleich eine Versuchsstation mit einer jährlichen Subvention von 20 000 Frank. Es waren schöne Anpflanzungen von Kautschukbäumen, insbesondere von Castilloa und Hevea brasiliensis vorhanden, welche trefflich zu gedeihen scheinen. Wie gut der Boden sein muss, zeigten haushohe Bäume der Allicea mollucana

Auf dem Tragstuhl in Jvondrona.

mit Stämmen von 1—2 Fuss Dicke bei einem Alter von 2—3 Jahren, angepflanzt als Schattenspender für Liberia- und Congo-Kaffee. Auch der Tee stand schön. Dann waren stattliche Exemplare der Raphiapalme zu sehen, welche weit verbreitet über Madagaskar ist und deren Fasern die Eingeborenen zu 20 Frank für 50 kg an die Händler verkaufen.

Von dem botanischen Garten aus ging die Fahrt unter Führung und Einladung des stellvertretenden Konsuls auf Einbäumen den Ivolinafluss aufwärts, der hier stellenweise recht seicht ist und durch viele Sandinseln zerteilt wird. Hügel mit Eingeborenendörfern treten nahe an den Flusslauf heran und von den Höhen grüsst die berühmte Ravenala madagascariensis herab, welche hier in dichten Beständen vorkommt. Auf Stämmen ähnlich der Kokospalme sitzen die breiten Fächer dieser Bananenart, und wogen durcheinander, als ob sie den Bootsfahrern im warmen Ivolinatal Luft zuwehen sollten. Als „Baum der Wanderer" ist er vielleicht manchem mehr geläufig, so genannt, weil in den Blattachsen des Fächergriffes sich Wasser anzusammeln pflegt, das in der wasserarmen Landschaft des Südens dem Wanderer Erfrischung ermöglicht. Wo die Hügel durch den Strom aufgeschlossen waren, zeigten sie sich basaltisch. Am oberen Flusslauf liegt eine Zuckermühle in Ruinen und dabei sind verwilderte Pflanzungen. Aus dem Rohr bereiten sich die Eingeborenen auf einer Art rostiger Mangelmaschine ein Getränk.

Baum der Wanderer.

12 Uhr nachts, den 2. Juni verliess das Schiff Tamatave wieder.
Oberstabsarzt Krämer wurde als Gast der Firma O'Swald zurückgelassen, um noch einige Studien in Eingeborenenmusik und -Weberei zu machen; er reiste 5 Tage später mit dem Dampfer „Melbourne" der Messagerie Maritime über Reunion nach Mauritius, wo er einen Tag nach dem Eintreffen S. M. S. „Planet" anlangte, um sich der Expedition wieder anzuschliessen.

Der Weitermarsch S. M. S. „Planet" nach St. Mary wurde nur durch eine Lotung in der Nähe der 2000 m Linie unterbrochen. Die Fahrt gab Gelegenheit, die Eigenheit der Küste einer Betrachtung zu unterziehen. Wie eine holsteinische Landschaft fast war das hügelige, teilweise dicht bewaldete Land anzusehen.

Kurz nach Mittag des 3. Juni wurde vor S t. M a r y geankert; nur zu kurzem Aufenthalt. Die Post wurde an Bord genommen, das Ceremoniell erledigt und die Stadt einer schnellen, vom Administrateur der Insel wohl vorbereiteten Besichtigung unterzogen. Es handelte sich hierbei um das Hospital, das Gefängnis, in dem sich etwa 400 Verbrecher befanden und die katholische Mission. Als Transportmittel dienten bequeme Sänften. St. Mary ist Verbrecherkolonie und für den Kriegsfall Kohlenstation. Der Administrateur untersteht unmittelbar dem Generalgouverneur und ist zugleich Leiter des Hospitals, Gefängnisdirektor, oberster Richter usw.

Um 8 Uhr abends wurde durch die nördliche Ausfahrt in See gegangen. Mit mehreren Lotungen wurde zunächst die Klärung der Böschungsverhältnisse beendet, dann auf Mauritius zugedampft. Der SO-Passat, der sonst in dieser Jahreszeit nicht so hart aufzutreten pflegt, äusserte sich mit starken Regengüssen in der empfindlichsten Weise. Aerologische Arbeiten, die schon über Gebühr geruht hatten, mussten daher wieder zurücktreten. Immerhin gelang ein Drachenaufstieg bis etwa 2600 m Höhe. In etwa 2000 m Höhe wurde eine Schicht schwacher südwestlicher Winde festgestellt; das Meteorogramm zeigte, wie zu erwarten war, grosse Ähnlichkeit mit dem auf gleicher Breite im Süd-Atlantik erhaltenen.

Noch am 7. abends schien es ausgeschlossen, am nächsten Tage Mauritius zu erreichen. Indessen ebbte während der Nacht die Dünung völlig ab und auch der Wind legte sich. Am Morgen des 8. kam die Insel mit ihren bizarren Formen, den wildzerrissenen bis zu 800 m hohen Bergkonturen in Sicht, worunter der kegelförmige Pieter Both, dem ein Felskoloss wie ein Punkt dem „i" aufsitzt, besonders auffällt. Bald lag das Schiff in Port Louis an sicherer Boje fest. Es ist ein guter Hafen, nahezu cyklonsicher und gilt als wichtige Etappenstation zwischen der Kapkolonie und Britisch Indien.

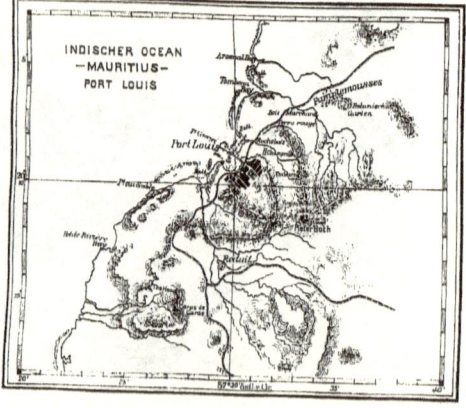

Die gastliche Aufnahme in diesem Hafen war eine aussergewöhnlich freundliche und zuvorkommende. Der stellvertretende Gouverneur Sir Graham Bower, früher höherer Marineoffizier, war nicht allein bemüht, den Expeditionsmitgliedern die wissenschaftlichen Einrichtungen, als Observatorium, botanischer Garten, Museum, Hospitäler usw. zugänglich zu machen, sondern trug auch kameradschaftlicher Aufnahme durch ritterliche Gastlichkeit in dem Gouverneurs-Palast „Reduit" Rechnung. Dieser liegt auf der Höhe in kühlender Nachtfrische, weit entfernt von dem Getriebe der engen und warmen Hafenstadt Port Louis.

Die Stadt ist keineswegs schön und sauber zu nennen. Aber man bedenke auch, dass gegen 300 000 Inder, grösstenteils als Arbeiter für die Zuckerrohrpflanzungen auf der kleinen Insel Mauritius leben, ungefähr ⁶/₇ der Gesamtbevölkerung. Die Stadtbevölkerung von Port Louis hat ihre alte französische Abkunft noch nicht vergessen. Eben als „Planet" hier zu Anker lag, wurde die Nachricht verbreitet, dass Frankreich mit England in Verhandlung stehe, wegen Abtretung von Mauritius. Da ungefähr alle 100 Jahre seit der Entdeckung der Besitz der Insel zwischen Portugiesen, Holländern, Franzosen und Engländern gewechselt hat, so dachten die Zeitungen offenbar an die geschichtliche Wechseltradition. Natürlicherweise schenkte man dem Gerücht wenig Glauben. In Wirklichkeit würde solch ein Vorkommnis zurzeit auch den

Gouverneurshaus Reduit.

französischen Pflanzern kaum willkommen gewesen sein, denn die augenblickliche Geschäftslage war auf Mauritius eine gute. Der Zuckerabsatz von Mauritius nach Indien hin und sogar nach Südafrika findet unter durchaus günstigen und lohnenden Bedingungen statt und darunter leidet das nahe französische Bourbon. Aber doch zeigt sich hier deutlich der Erfolg einer Klausel bei der Abtretung vor hundert Jahren, nach welcher Sprache, Sitten und Recht der französischen Bevölkerung von Mauritius 100 Jahre lang nicht angetastet werden sollten.

Nahe dem Landungsplatz in Port Louis fährt beim Postgebäude die Eisenbahn über den freien Platz und mit dieser Fahrgelegenheit erreicht man in einer halben Stunde den nördlich gelegenen Botanischen Garten Pamplemousses. Er eifert mit dem Paradeniya-Garten auf Ceylon und dem von Buitenzorg auf Java um den Preis der Schönheit und er hat dazu ein Recht. Die Anlagen um einige kleine Teiche herum, zwischen denen Wege und Rasenplätze liegen, gehören unbestreitbar zu den üppigsten und vollendetsten Bildern tropischer Vegetationskultur. Da standen herrliche Exemplare von Ravenalen und Taropflanzen, überragt von blühenden Teakholzbäumen und Königspalmen. Auf einer der Inseln steht ein Pavillon, im Grün versteckt, in welchem ein üppiges Frühstück gereicht wurde. Von der Decke und an den Wänden des luftigen Hauses hingen Farne und Orchideen in zauberischer Pracht. Der Direktor hatte zu Ehren der Expedition allen Glanz entfaltet. Nach dem Essen pflanzten die Gäste Erinnerungsbäume: Diospyros der Kommandant, Labourdonaisia, Canarium usw. die übrigen.

Im Garten Pamplemousses liegen an einer schönen Baumreihe auch die Gräber von Paul und Virginie, welche der Dichter auf dieser Insel ihr sonniges Dasein geniessen liess. Und der botanische Garten ist dazu angetan, den Besucher in die romantische Stimmung alter französischer Tropenherrlichkeit zu versetzen.

Zweier Autochthonen von Mauritius sei noch gedacht, der Dronte, auch Dodo genannt, und der Riesenschildkröte. Zur Zeit der Entdeckung durch den Portugiesen Peter Mascarenhas im Jahre 1505, waren der Dodo, ein flugunfähiger Vogel von der Grösse eines Schwans, und die Riesenschildkröte in grossen Massen auf der Insel vertreten. 150 Jahre später, und beide waren ausgerottet, da den Tieren kein Schutz zuerkannt wurde. Die Ostindienfahrer haben grossen Anteil an der Vernichtung.

Der Mensch stellt sich als freies Wesen so oft in feindlichen Gegensatz zu der Natur. Hier zerstörte er, ohne ein grosses Ziel vor Augen zu haben, nur weil er

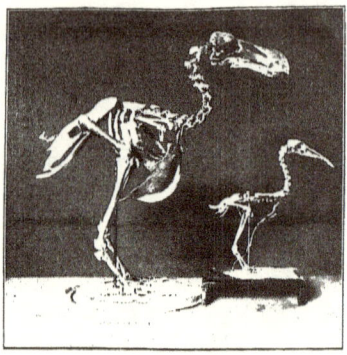

Skelett der Dronte und des Solitärs im Museum Port Louis.

Freude am Zerstören und Gefallen an der Übung seiner Kräfte hatte; und die Natur hatte ihre Kinder mit zu geringem Schutz ausgestattet.

Die Holländer, welche die Portugiesen ablösten, und die Insel nach einem ihrer Prinzen „Mauritius" benannten, haben Ölbilder von dem Dodo überliefert, wodurch wenigstens das Aussehen des Tieres bekannt geblieben ist.

Das Museum des Jardins in der Stadt bewahrt ein vollständiges Skelett der Dronte, des Didus ineptus L, dessen Schädel vor allem gut erhalten ist, und des kleineren Solitärs, des Aphanapteryx imperialis, sowie einer dritten kleineren Vogelart Aphanapteryx broeckii, welche die Einheimischen rouge bécasse nennen.

Der Direktor des Museums gestattete freundlichst die Aufnahme der seltenen Stücke, welche hier wiedergegeben sind. Er hatte eine grosse Sammlung vereinzelter Knochen, welche immer noch gelegentlich gefunden werden; nur der Schädel mit dem grossen Schnabel ist selten auch nur einigermassen erhalten.

Ein besonderes Interesse nahm noch die meteorologische Station in Anspruch mit ihren isolierten seismographischen und magnetischen Instrumenten, die alle in einem unterirdischen Gewölbe untergebracht sind.

Die Station ist durch ihre Cyklonbeobachtungen dem Seefahrer hinreichend bekannt.

Das dicht dabei stehende Arbeits- und Wohnhaus, in dem niederen Gelände beim botanischen Garten gelegen, ist moskitosicher gebaut, denn seit 1885 ist auf Mauritius die Malaria, wahrscheinlich von Indien her eingeschleppt.

In dem hochgelegenen Reduit war eine solche Vorsicht nicht nötig, wenn auch Moskitonetze während der Nacht nicht entbehrt werden konnten. Die alte Residenz war im botanischen Garten gelegen, bis der Wohnsitz des Gouverneurs nach Reduit auf die Höhe verlegt wurde. Reduit ist ein

Meteorologisches Institut bei Pamplemousses.

schlichter Bau, am Portal ragt noch die bourbonische
Lilie, und die unteren Repräsentationsräume
zeigen den Stil Ludwigs XV. Aber der Park
um das Haus atmet englische Gartenkunst;
allzu gross ist er nicht, denn zu beiden
Seiten ist eine tiefe Schlucht, und die
beiden Bäche, welche dieselbe ausge-
wühlt haben, bezeichnen seewärts durch
ihre Vereinigung das Ende, ein Kap mit
grossartigem Ausblick in die Tiefe und
über das flutende Gelände. Diners,
Bälle, Gartenfeste, Tennispartien sei-
tens des Gouverneurs und der englischen Kameraden sowie Festlichkeiten
an Bord machten jene wenigen Tage
auf Mauritius für die Expeditionsmitglieder unvergesslich. Es war eine
herzliche englische Gastfreundschaft.

Der vorletzte Tag wurde ausgefüllt
durch einen Besuch beim Leicester-
Regiment, das mit den anderen Truppen

Besuch an Bord.

zusammen in Vacoa liegt, hoch oben auf der Hochebene und unweit Curepipe, dem Haupt-
wohnort der Europäer, den man mit der Bahn erreicht. Auch hier wurden die Besucher
überaus herzlich aufgenommen und hatten auf einem Besichtigungsgange durch die
Baracken Gelegenheit, das Leben und die inneren Einrichtungen bei den englischen Kolonial-
truppen kennen zu lernen. Die Offizierswohnungen sind spartanisch einfach, jeder Leutnant
und Hauptmann hat nur ein Zimmer — Bretterbuden alle nebeneinander — in einem Hause,
gleichzeitig Wohn- und Schlafraum. Nur der Major hat deren zwei. Da der derzeitige Major
verheiratet war, hatte ihm der Oberst seine Dienstwohnung überlassen und selbst die Majors-
zimmer bezogen. Die Mannschaft ist gut und luftig in hohen Baracken untergebracht, die
Unteroffiziere haben abgesonderten Schlafraum sowohl wie auch ihre eigene Messe. Das
Essen der Leute: morgens Tee und Brot, mittags Fleisch und Pudding, am Nachmittag
wieder Tee, und Abendbrot können sie sich kaufen in einer wohl ausgerüsteten Kantine.
In der Nähe der Baracken liegen grosse Sportplätze.

Als Abfahrtstag war der 13. Juni festgesetzt. Es schien genügend Zeit vorhanden, eine
kleine ozeanographische Aufgabe zu lösen. Ein englischer Dampfer hatte, wie in Mauritius
bekannt wurde, auf dem Wege zwischen
Mauritius und Cargados seine Thomson-
Lotmaschine probiert und hatte bei
30 Faden Draht Grund erhalten. „Planet"
nahm Veranlassung, festzustellen, ob ein
Zusammenhang dieser Untiefe mit Mauritius bestände. Zwei Lotungen mit 722 und
1985 m Tiefe ergaben keinerlei Anhalt hierfür. Der Dampfer mochte vielleicht zufällig ein isoliertes Riff gefasst haben, wie
sie in diesem Teil des Indischen Ozeans

Kirche auf Rodriguez.

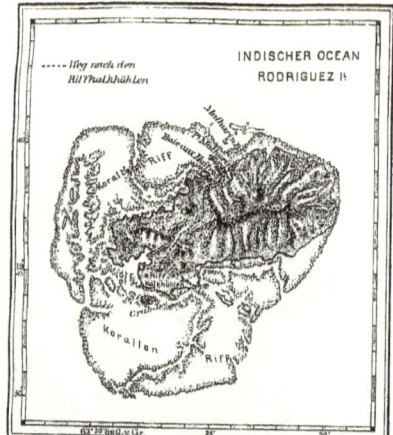

bei allmählicher Verdichtung des Lotungsnetzes noch in grossen Mengen gefunden werden dürften.

Der Reiseweg führte weiter nach Rodriguez, der östlichen Insel der Maskarenen-Gruppe, die wenig bekannt bisher, zu interessanten geographischen Studien Gelegenheit geben sollte. Wind und Dünung hielten derart auf, dass die Insel erst am 16. früh in Sicht kam. Vor der Hauptansiedelung M a t h u r i n ging das Schiff gegen 11 Uhr in einer gegen den Passat gut geschützten Riffeinbuchtung vor Anker. Der Administrator der Insel war durch Kabel von Mauritius vom Eintreffen des „Planet" benachrichtigt und kam alsbald an Bord, um den Willkommensgruss zu bieten.

Ein merkwürdiger Kontrast zwischen Mauritius und Rodriguez! Dort eine grosse Stadt, ein Handelsemporium, hier eine ländliche Kolonie mit einigen wenigen Häusern einfachster Art, dort ragende Felszinken und üppiges Grün in den Tälern, hier gerundete, sanftlinige Bergzüge und wenig Grün; dort ein schöner Hafen, hier eine Korallenriffreede, die bei starkem Wind zur Vorsicht beim Landen mahnt.

Stattliche Bergrücken trennen die Nord- von der Südküste, und wenn auch die Böschung des vulkanischen Gebirges verhältnismässig sanft ist, so fällt es doch fast allenthalben felsig in die Lagune des Strandriffes ab, so dass ein Sandstrand nur selten in Erscheinung tritt. Nur die Kolonie liegt auf einer Sandstrandebene mit rückständiger Brackwasserlagune, die bei Ebbe trocken fällt. Das Binnenwasser des Strandriffs ist teilweise recht flach.

Rodriguez hat etwa 3500 Einwohner und bringt Reis, Zucker, Mais, Tabak und Weizen hervor. Kaum der 4. Teil des zerrissenen Landes ist nutzbar zu machen. Alle Exportartikel, gesalzene Fische, gehen nach Mauritius mit dem Schoner, der zweimonatlich die Post bringt und holt. Ein englisches Kriegsschiff pflegt alle 3 bis 4 Jahre anzulaufen.

Die wenigen Europäer — etwa 15 — fühlen sich dort wohl. Rodriguez hat den grossen Vorteil, völlig angenehmes und gesundes Klima zu haben; die Temperatur war ungewöhnlich kühl.

Die Besichtigung der grossen Riffkalkhöhlen, die im Süd-Westen der Insel gelegen und noch wenig beschrieben worden sind, war der

Strand mit Fischerhütten.

Hauptzweck des Anlaufens von Rodriguez gewesen.
Kraftvolle Naturgebilde überantworten sich der Betrachtung nicht auf einem harmlosen Spaziergang; sie wollen durch Anstrengung errungen werden. Das mussten sehr bald die 4 Ausflügler erfahren, die nachmittags $2^1/_2$ Uhr zum Besuch der Höhlen von Bord aufgebrochen waren. Der Hinweg sollte auf dem Wasser zurückgelegt werden, wozu der Magistrat ein Boot zur Verfügung gestellt hatte.

Der erste Teil des Weges liess sich gut an. In rascher Fahrt jagt das kleine Fahrzeug innerhalb des Riffes im Passat dahin, längs

Riffkalkhöhle auf Rodriguez.

einer felsigen Küste, die mit ihren eigenartigen Gewächsen und malerisch gelegenen Ansiedelungen, den kleinen Fischerhütten, vor denen an Gerüsten die Tintenfische aufgehängt im Winde flattern, freundliche Bilder vorführt. Man dachte, dass in Anbetracht der kleinen Strecke das Ziel bald erreicht sein müsste. Aber als infolge Kursänderung nur noch mit halbem Winde gesegelt werden konnte und das fallende Wasser wegen der zahlreichen Steine im Fahrwasser Vorsicht gebot, ging es langsamer, und öfters kam das Boot fest. Bald ging es ans Kreuzen; weite Schläge wurden gemacht, hinaus in die Gegend der Brecher; immer mehr Spritzer kamen über und als die Sonne gesunken war, war das Ziel noch nicht erreicht. Dazu wurde es empfindlich kalt. Bei tiefer Nacht erst wurde die Quarantänestation, auf Crab Island erreicht, wo in einer kleinen Holzbude nach kargem Abendbrot auf Leinwandsesseln genächtigt wurde. Dunkle Nacht umfing die Insassen, denen Kälte und nasse Kleider einen regelrechten Schlaf fernhielt. Früh vor Tagesanbruch wurde die Fahrt fortgesetzt; wieder ging es mit grossem Schlag über die hier aussergewöhnlich breite Lagune hinaus zum Aussenriff, wieder kamen die kalten Spritzer, und endlich erschien die erlösende Sonne; glänzend ging sie auf hinter dem Bergrücken der einsamen Insel. Da lagen die Hänge im Morgendunst, nur mit spärlichem, niedrigem Grün bedeckt, nirgends Wohnungen und Pflanzungen zu schauen — einige ärmliche Fischerhütten ausgenommen —, ein Bild der Verlassenheit. Eine ähnliche Fauna und Flora wie auf Mauritius war hier gewesen; aber auch hier hat beides eingebüsst; verschwunden sind Solitär und Riesenschildkröte. Einige kleine, 2—3 Fuss hohe, flache Kalkinseln liegen in der Lagune, neben dem Landungsplatz. Ganz sanft steigt das Gelände von der Küste aus an, ungefähr 1 : 100. Nur wenig Humus bedeckt den harten rissigen, zerfetzten Boden, auf dem vereinzelt Pandanusbäume zu sehen waren und daneben Baumruinen in grosser Zahl, abgestorbene verwitterte Stämme, die der Landschaft ein trostloses Aussehen verleihen. Es scheint, dass weniger die Cyklone an dieser Zerstörung schuld sind, als vielmehr die dünne Humusdecke, welche nur kleinen Bäumen ausreichende Nahrung gewährt. Nach 10 Minuten Weges zeigte sich am Rande eines kleinen Einbruchkessels ausnahmsweise ein grösserer Baum mit kamelienähnlichen Blättern, in dessen Schatten der Niedergang zur ersten Höhle lag. Man steigt auf dem typischen Bruchgeröll hinab durch den niedrigen Querspalt, um sich dann in einer geräumigen Höhle von 10 m Breite und 6 m Höhe zu befinden. Stearinlichter wurden angezündet und nordwärts einmarschiert. Der Boden senkte sich langsam und die Räume weiteten sich mächtig zu einer grossen Halle. Sinterbildungen zierten Boden und Decke, und bald sah man die beliebten Dome und Kanzeln, die feinen Nadel-

und Eislandschaften, die das Entzücken der Höhlenbesucher bilden. Nach ungefähr 100 Schritt biegt die Höhle scharf nach Westen ab, um dann nach Angabe der Eingesessenen in grossem Bogen ostwärts und südwärts zum Meere zurückzukehren. An der Biegung bedeckte Wasser den Boden, so dass man auf den Seitengallerien weiterkriechen musste. Da eine weitere Erforschung des Höhlenverlaufes nicht in der Absicht der Expedition liegen konnte, wurde nach photographischer Blitzlicht-Aufnahme einer besonders schönen Stelle der Rückweg nach der Kolonie angetreten, der sich, im Gegensatz zum Hinweg, auf dem Lande vollziehen sollte. Hierbei erhielt man noch öfters Einsicht in die Höhle von oben her, da diese an mehreren Stellen infolge Einsturzes der Decke offen lag. Prächtige Anblicke konnte man geniessen.

Man schaut hinab in ragende Gewölbe, man glaubt von Rankenwerk umsponnene Säulen zu sehen; wie alte Burgruinen der Heimat mutet es an, wie verfallene Maurenschlösser mit ihren Erinnerungen an die Abencerragen; und die Täuschung wurde fast vollkommen dadurch, dass das Gestein geschichtet war wie bemörteltes weisses Backsteinmauerwerk. Freilich, die geographische Bedeutung der letzteren Erscheinung nahm bald den Zauber der Träumerei weg.

Die Ansichten über die gehobenen Korallenriffe*), deren eines ja zweifellos hier vorlag, haben sich in den letzten Jahren sehr geändert. Der Korallenfels, bei dem sich auf der mehr oder weniger homogenen Grundmasse neue junge Korallen auf alten absterbenden ansiedeln, macht nur einen kleinen Teil des breiten Riffes aus, und zwar vor allen die seewärts gelegene Riffkante. Die landwärts davon gelegenen Teile des Binnenwassers und des Riffgürtels bauen sich hauptsächlich durch Trümmer und Sand auf. Dies zeigen in vollendeter Deutlichkeit die Höhlenbrüche von Rodriguez, so schön, wie sie kaum anderswo zu sehen sein dürften.

Es war noch eine zweite grosse Höhle, mehr im Westen gelegen, vorhanden. Der Weg, welcher dorthin über das grosse Riffplateau, das sich hier ausbreitete, führte, wäre zu weit und mühsam gewesen; aber auch der kurze Weg über die Berge liess an Anstrengungen nichts zu wünschen übrig, da er über vulkanisches Land und Hügel führte, die mit dichtem Gras und Gestrüpp bestanden waren. Man kann sich kaum ausmalen, wie die in der kalten Morgenfrische so willkommene Sonne nunmehr lästig wurde. Das war kein Wandern mehr; ein Fauchen, Stürzen, Fallen über die im hohen Gras verborgenen Felsblöcke und Steine. Endlich gelangte man nach kurzem Anstieg auf eine saftige Wiese, wo einige vereinzelte Häuschen lagen und Spuren von Viehzucht bemerkbar waren. Eine Gruppe von hohen Bäumen wurde sichtbar und dahinter eine Kalkwand mit einem grossen Felsentor, das in die Höhle führte. Der Besichtigung, die nach kurzer Rast ins Werk gesetzt wurde,

Höhleneinblick vom Plateau aus.

*) s. „Korallenriffe und Koralleninseln von Prof. Dr. R. Langenbeck-Strassburg. Geographischer Anzeiger, Heft V und VI, 1908.

wurde jedoch bald ein Ziel gesetzt durch die Unwegsamkeit der Höhle, die in Gestalt von mächtigen von oben gestürzten Felsmassen einem weiteren Vordringen arge Hindernisse bereitete. Da dies viel Zeit beansprucht hätte und die Abfahrt des Schiffes auf den Nachmittag desselben Tages festgesetzt war, wurde der Heimmarsch angetreten, der über das Gebirge führte und noch etwa 3 Stunden erforderte. Man hatte genügend Gelegenheit gehabt, die Grösse der Höhlen und ihr Vorhandensein im gehobenen Riffkalk festzustellen, sowie über den Aufbau, die Höhe und die Ausdehnung des ehemaligen Riffes einige allgemeine Notizen zu sammeln und musste damit zufrieden sein.

Der Heimweg über das Gebirge in der Mittaghitze gestaltete sich nicht so schlimm als man befürchtet hatte. Zwar waren die Wege in dem baumarmen Gelände schattenlos, aber bald wehte den Ansteigenden der frische Passat entgegen, der auf dem Kalkfeld der Seeseite ganz gemangelt hatte. Dazu kam, dass der Administrator zwei Reitpferde entgegengeschickt hatte.

Auf der Hälfte des Weges beginnt ein guter Fahrweg in 275 m Höhe; er führt hinab in ein nach Norden ausmündendes Tal, von dem aus man nach Übersteigung eines Hügels nach der Kolonie gelangt. Der „Bai aux Huîtres" genannte Talausgang ist westlich überragt von einer hoch oben gelegenen steilen Felswand, die Basalt-Säulen vortäuscht. Von ihr war man herabgekommen. Dort oben hatte man sich ergötzt an dem weiten Ausblick über den westlichen Inselteil mit seinen

Kalkplateau auf Rodriguez.

Kapitänleutnant Lebahn, Kommandant S.M.S. „Planet" gestorben auf der Rückreise in Colombo.

zahlreichen Hügelschwellen, welche tafelbergähnliche Denudationsreste und keine primären Eruptionsstellen zu sein scheinen. Man sah über die Hänge, die man heraufgekommen war, an kleinen Farmen vorbei mit Pflanzungen von Tabak, Bohnen, Mais usw. und oben unter dem Grat und meerwärts auf den Bergen standen zerstreut die schön blütigen Lataniafächerpalmen und die kugelköpfigen Pandanusse, die letzten offenkundigen Zeugen einer eigenartigen Vegetation. Eine merkwürdige Begebenheit sei erwähnt.

Der Kommandant bemerkte plötzlich beim Essen im Hause des Administrators den Verlust seines Verlobungsringes. Man suchte und besann sich: im Boot, im Nachtquartier, in den Höhlen, oder auf dem Bergmarsch? Eine Wiedererlangung erschien im voraus aussichtslos. Der Administrator versprach, nachsuchen zu lassen, und er hielt Wort. Als „Planet" wenige Wochen später in Colombo lag, kam ein Brief von Mauritius, dass der Ring gefunden sei. Bei der nächtlichen Landung auf der Crab-Insel war er beim Landsprung in den Sand gefallen, zwischen die Korallenkiesel, und dort fand ihn die auf die Suche ausgesandte Expedition. Wie glücklich dieser Fund für den Kommandanten, wie wunderbar, dass von einer so weltabgelegenen Insel in so kurzer Zeit Nachricht eingetroffen war. Nach Colombo kam die frohe Botschaft, und dort musste derselbe Kommandant ein Jahr später, nach erfolgreich durchgeführter Expedition, auf dem Heimweg sein Leben lassen.

Der Ring des Polykrates! War das Schicksalstimme?

Nach 30 stündigem Aufenthalt wurde Rodriguez verlassen, um nach Colombo zu dampfen. Unterwegs sollte das Suvadiva Atoll der Malediven zu ethnographischen Untersuchungen angelaufen werden. Was die Wahl des Reiseweges anbetraf, so führte aerologisch jeder Kurs zwischen Mauritius und Colombo durch gleich unerforschte und interessante Gebiete; ozeanographisch konnte es zweifelhaft sein, ob nicht mit Rücksicht auf die vorjährige Expedition der „Sealark", welche westlich des Chagos-Archipels gearbeitet hatte, ihre Lotungspositionen jedoch noch nicht bekannt gemacht hatte, ein grosser Bogen östlich um den Chagos-Archipel lohnender war. Der dauernd fast östlich wehende Passat schloss jedoch die Möglichkeit dieses Weges aus und gebot die Wahl eines Kurses westlich des Chagos-Archipels. Tatsächlich ist eine Wiederholung der Lotungen der „Sealark" durch „Planet" nicht eingetreten; die Ergebnisse beider Expeditionen konnten sich auf das glücklichste ergänzen.

Einer Anregung von Professor Chun folgend, wurde in $2^{\circ}57'$ S und $67^{\circ}59'$ O nach einem dort vermuteten Korallenriff mit 23 Lotungen gesucht, jedoch ohne Erfolg. Es wurde nur eine Bodenerhöhung von 2300 m Tiefe festgestellt.

Das Auffinden derartiger Stellen, wie z. B. auch der Slot van Capelle Bank, ist meist eine missliche und zeitraubende Arbeit.*) Hat man nicht dauernd zuverlässige Bestecks, so geschieht es bei den wechselnden und unbekannten Stromverhältnissen leicht, dass die Lotungen, von denen doch immer eine grössere Zahl auf einem bestimmten Bodenareal erforderlich sind, auf falsche Plätze fallen und wiederholt werden müssen.

Hier ereignete sich ein bedauerlicher Zwischenfall, indem der Kommandant bei unvermutet starkem Überholen des Schiffes so unglücklich auf der Brücke stürzte, dass er eine heftige Kopferschütterung und eine starke Quetschung der linken Gesichtshälfte erlitt. Die Heilung nahm mehrere Wochen in Anspruch.

Die Planktonfänge wurden nach der Richtung ausgedehnt, dass Oberflächenfänge am Tage, in der Abend- und Morgendämmerung sowie nachts gemacht wurden, in geringer Entfernung voneinander, um aus Menge und Art etwaiges durch das Tageslicht veranlasste Auf- und Absteigen des Plankton festzustellen. So wünschenswert alle diese weit durch die Meere verteilten Untersuchungen auch

Ein Planktonfang.

*) Über Fehlerquellen der Lotungen s. Krümmel „Handbuch der Ozeanographie", Band I. S. 82 ff.

sind, mehr wird man sich von denjenigen versprechen dürfen, die womöglich Jahre hindurch in derselben Gegend fortlaufend angestellt werden, um über die Produktionsbedingungen des Plankton in tropischen Meeren ein Bild zu erhalten.

Auf dieser Strecke konnten auch stereophotogrammetrische Aufnahmen für Wellenmessungen gemacht werden.

Die Aerologie kam wieder zu ihrem Recht. Im eigentlichen SO-Passatgebiet fanden 4 Drachen- und ein Pilotballonaufstieg statt. Ballonaufstiege liess die Bewölkung nicht zu. Die Drachen waren — mit Ausnahme eines Aufstiegs von etwa 3000 m Höhe — nicht über etwa 2000 m hoch zu bringen, die gleiche Erscheinung wie früher.

Dienst an der Drachenwinde.

Im Übergangsgebiet vom Passat in die äquatoriale Stillenzone wurde in 8° S ein Ballonsonde-Aufstieg gemacht. Es gelang, das Gespann mit Benutzung der neuen Abwurfvorrichtung hochzubringen, doch löste sich nach 2 Minuten der an der Abwurfvorrichtung befestigte Ballon. Das Instrument wurde eingefangen, der zweite Ballon als Pilotballon verfolgt und da die Verhältnisse hervorragend günstig schienen, wurde sofort zum zweiten Aufstieg klargemacht. Auf den Abwurfapparat wurde verzichtet, er war zu wenig Präzisionsinstrument, um angesichts des schwachen elektrischen Stromes, den die notwendigerweise leichte, daher schwache Batterie zu geben imstande war, einen Erfolg zu gewährleisten. Der zum Platzen bestimmte Ballon erhielt nahezu 4 kg Auftrieb. Trotzdem war er nach 30 Minuten in etwa 9000 m Höhe noch nicht geplatzt und erreichte hier eine Zone mit sehr starkem Wind — etwa

15 m/s —, in der er so schnell forttrieb, dass das Schiff nicht zu folgen vermochte. Das Gespann blieb indessen noch weitere 20 Minuten in Sicht, ohne dass der eine Ballon platzte und wurde dann hinter Wolken in etwa 15000 m Höhe aus den Augen verloren.

Das Suchen bis zum Dunkelwerden sowie während 5 stündigen Liegens am nächsten Vormittag an einer Stelle, die der Ballon auf seinem mutmasslichen Treibkurse passieren musste, war erfolglos. Die Liegezeit wurde zu Serienmessungen ausgenutzt.

In dem genannten Übergangsgebiet fanden später ein Drachen- und ein Ballonsonde-Aufstieg statt; jeder bis etwa 4800 m Höhe. Da keine Ballonuhr für einstündige Umlaufzeit mehr vorhanden war, waren für eine Drachenuhr eine Trommel mit doppeltem Umfang und für das betreffende Instrument ein entsprechend grösserer Kasten mit Bordmitteln angefertigt worden. Beide Aufstiege, die nur 2 Breitengrade auseinanderliegen, zeigen beträchtliche Unterschiede in der Temperaturverteilung.

Im Monsungebiet fand je ein Pilotballonaufstieg (etwa 9000 m) und ein Drachenaufstieg (etwa 4200 m) statt.

Auf Ceylon.

Viertes Kapitel.
Im Monsungebiet des Indischen Ozeans und im Malayenarchipel.

Bis etwa 4^0 S wehte der SO-Passat; von da an machte sich bis zur Ankunft in Colombo (ca. 6^0 N) das Gebiet der äquatorialen Mallungen geltend: veränderliche Winde, Stillen, Regen und zwar letzterer zum Teil recht intensiv. Am 26. Juni wurde eine Regenhöhe von 48,5 mm gemessen*). Bei den Stationen zeigten sich ähnlich wie bei Madagaskar mehrfach zahlreiche Haie; zwei aussergewöhnlich grosse fliegende Fische wurden am 29. Juni in der Nähe des Suvadiva-Atolls gesichtet.

Hatte „Planet" im Atlantischen Ozean den Weg der „Gauss" in Porto Grande und St. Helena berührt, so gelangte er im Indischen Ozean in das Fahrwasser der „Valdivia", welche die Malediven, Colombo, Padang und Mentavei gleicherweise angelaufen hatte. Es sei hier im besonderen auf die schönen Abbildungen des Chunschen Werkes „Aus den Tiefen des Weltmeeres" hingewiesen, weshalb hier nur ergänzende Photos der Expeditionsmitglieder von den genannten Plätzen dem Texte beigefügt sind.

Das Atoll S u v a d i v a , ausser von der „Valdivia" auch im Jahre 1902 von Alexander Agassiz besucht, dem Nestor der amerikanischen Zoologen, und jüngst von der „Sealark", gab Gelegenheit zu interessanten Forschungen der Webstuhltechnik, des Bootsbaues, der Musikinstrumente und des Eingeborenengesanges.

Die Ansteuerung des Riffgürtels erforderte mangels zuverlässigen Bestecks grosse Vorsicht. Das niedrige Atoll konnte sich nur wenig abheben; so kam es, dass das Schiff bei Hellwerden am 29. Juni nur eine Seemeile vom Riff entfernt stand, infolge von Stromversetzung etwas zu nördlich am Westrand. Es wurde zunächst entlang des Riffes gefahren, um die an der

---
*) S. Bd. II. Aerologie S. 22.

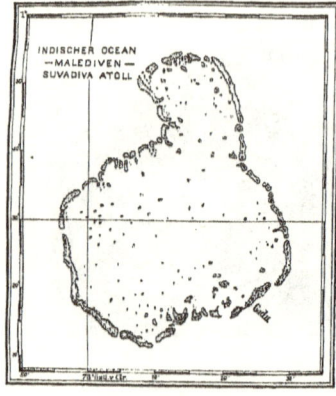

Südseite gelegene Einfahrt nach dem Dorfe Gadu zu gewinnen. Die Inseln an der SW-Seite sind im Gegensatz zu denen der O-Seite breite Flächen, und reichen zungenartig weit in das Binnenwasser des Atolls hinein, ein richtiges Inselgewirr. Alle schienen dicht bewaldet mit schwer durchdringbarem Unterholz, von einer Üppigkeit, die man auf den Koralleninseln der Südsee nur ausnahmsweise antrifft. Und doch waren die Pflanzen, wie es sich bald zeigte, in der Hauptsache dieselben, Kokospalmen, Pandanus, Hibiscus, Barringtonien, Scaevola, Tournefortia, Morinda, Fragraea u. s. w. neben den Kleingewächsen, die der englische Botaniker Gardner bei einem längeren Aufenthalte auf der Inselgruppe näher beschrieben hat. Auch die Riffe selbst sind mannigfacher gestaltet als anderswo. Während die Atolle in der Südsee in der Regel nur einen einfachen Riffkranz haben, ist dieser hier häufig in mehrere Teile geteilt, ja, man kann in mehreren Fällen von Atollen im Atoll sprechen.

Als das Schiff am Aussenriff entlangfuhr, war zu erkennen, dass die Riffplatte an der Aussenseite der Inseln bei Niedrigwasser nicht ganz trocken fallen kann, wie dies bei vielen Atollen der Südsee der Fall ist. Es war hier eine Lagune, ähnlich der Küstenstrandriffe vorhanden.

Gegen 9^h war das Schiff vor der Einfahrt; von einem grossen Eingeborenenboot, das längsseit kam, um einen Lotsen anzubieten, wurden alsbald zwei ältere Männer an Bord genommen. Die Boote sind ohne Ausleger, breit und geklinkert; achtern ist eine Plattform zum Stehen und eine geschweifte Pinne sitzt an einem schief eingesetzten, vielfach geschmückten Ruder. Besonders schön gearbeitet ist der Bug des Bootes, an dem ein hoher Vorsteven, ähnlich den nordischen Wikingerfahrzeugen, emporragt.

Nicht weit von der grossen Einfahrt nach Osten zu liegt der vielbesuchte Platz G a d u, an dessen Strand eine ganze Flotte der genannten schönen Boote aufgeholt lag. Das Dorf mutete eigenartig an; Gassen führen zwischen den blattbedeckten Häusern hin, die häufig von einem festen Zaun umgürtet sind. Man wird erinnert an mohammedanische Vorbilder, und wirklich sind die

Am Strand von Gadu.

Bewohner der Malediven islamitische Inder, die vor nicht allzulanger Zeit diese Inselgruppe besiedelt haben. Die Frauen und Mädchen, mit teilweise schönen Gesichtern, hielten sich im allgemeinen sehr im Hintergrund; nur gelegentlich gelang es, mit ihnen in Berührung zu kommen, hauptsächlich bei der Weberei. Die Maledivenmatten, deren Muster und Ordnung an orientalische Gebetsteppiche gemahnen, sind höchst eigenartig. Auch ihre Herstellung erinnert an jene, indem die Schlussfäden in die Kette nicht mit einem Schützen eingeschossen, sondern mit den Händen eingeflochten werden, wie ja die Knüpfung auch mit

Dorf auf Suvadiva Atoll.

den Händen erfolgt. Dabei finden aber doch typische Fachbildungen statt, und zwar eine derselben mit einem geknüpften Stock, bábana genannt, der ganz ähnlich ist dem fanguloa von Madagaskar. Noch deutlicher wird die Verwandtschaft mit jenem Platze angezeigt durch die Benennung des Schaftes, hier hára genannt, dort háradsa, nur dass dieser bei den Maledivianern nicht aufgehängt wird wie bei den Betsimisaraka.

Sollten die Malediven eine Wanderstation der Indonesier auf ihrem Wege nach Madagaskar gewesen sein? Die erwähnten Spuren sind freilich sehr gering. Aber man muss bedenken, dass eine neue, kräftige Kultur die alte urwüchsige stets vernichtet und auslöscht. Immerhin wäre ein neuer Forschungsversuch in dieser Richtung vielleicht nicht unlohnend.

*) Die Bewohner der Malediven sind gute Seefahrer, und jährlich einmal fahren sie die Strecke von einigen hundert Seemeilen nach Ceylon, um ihren Tribut an Früchten und Matten dorthin zu bringen und um Tauschgeschäfte zu machen. Auch mit der Malabarküste — 330 Sm entfernt — steht besonders die Insel des Sultans der 1000 Inseln, Male, in beständiger Verbindung. Nach Male, im Singhalesischen „die Blume", haben diese Inseln ihren Namen, während Suvadiva kurzweg nur „Südinsel" heisst. Dass die Bewohner früher arge Seeräuber waren, ist bekannt. Aber die englische Oberhoheit hat auch hier schon deutlich sich bemerkbar gemacht, und man darf die Inseln jetzt im allgemeinen als ungefährlich bezeichnen. Doch wird Vorsicht angeraten.

Bemerkenswert waren die grossen Wasserzisternen, die in den Kalkboden eingelassen und ausgemauert waren; sie sollen bei entsprechender Witterung genügend Wasser aufnehmen können. Auch ein turmartiger Bau von 4 m Durchmesser erregte Interesse. Schön sind die Begräbnisplätze, nach mohammedanischer Art mit zahlreichen Grabsteinen und islamitisch verziert. Der kurze Aufenthalt gestattete keine eingehenden Beobachtungen. Auch die Erklärung der Webemuster konnte nicht erzielt werden; sie gelang aber später noch in Colombo, wo, wie erwähnt, viele Maledivianer sich aufhalten.

Bald wurde die Reise fortgesetzt und weiter ging's durch das grosse Binnenwasser, das still lag wie ein Landsee, um so mehr, als ein fast windloser, schwüler Tag war. Viele kleine Inseln und Sandbänke wurden passiert, und vor Dunkelheit war das Schiff wieder in der offenen See auf der Fahrt nach Colombo.

Am 3. Juli wurde C o l o m b o erreicht. Wer in Colombo gewesen ist, wird sich der Molen erinnern, welche in grossem Umkreis einen Teil des monsungepeitschten Meeres abschliessen und zum sicheren Hafen gestalten. Wohl kaum an einem anderen Platz der Welt wird so deutlich der Triumph der Technik und des Fleisses dem Besucher so offenkundig und deutlich vor Augen geführt, wie hier. Tanjong Priok, Batavias Hafen, ist ähnlich angelegt; aber dort handelt es sich doch nur um ein stilleres Binnenmeer, und die Dimensionen sind nicht so

Zahntempel in Kandy.

gewaltig. Da liegen die grossen Ozeandampfer neben den malayischen Praus mit ihren hohen Aufbauten, da schwimmen die stattlichen Auslegerboote und Flossfahrzeuge, die sogenannten Kátumaram, neben Ruderbooten und flinken Pinassen. Wer den Seeverkehr in seiner grossartigsten Entfaltung sehen will, der muss nach Colombo gehen, wo abendländische Tatkraft und Umsicht mit orientalischer Tropenpracht einen einzigen Bund geschlossen haben. Der Hafen von Colombo ist landschaftlich nicht schön — im Gegenteil. Vom Schiff aus sieht man nur einen flachen Landstrich mit flachen Häusern. Aber ist man erst in der Stadt selbst mit ihren Basaren und in den singhalesischen Vorstädten mit Tempeln und Gärten, entrollt sich ein wunderbares Bild.

In wenigen Stunden führt der Zug den Besucher ins Gebirge hinauf. Kandy, die Residenz der ehemaligen singhalesischen Fürsten mit seinem berühmten Zahntempel, kann man in einem Tag von Colombo aus besuchen; es ist das Ziel der meisten Reisenden, wenn sie nur einen vollen Tag Zeit haben. Dort wohnt man bequem im Queens-Hotel an den Ufern des grossen ummauerten Teiches. Aber das nur 500 m hoch gelegene Kandy ist jetzt überholt durch Nuwára Eliya, kurz Njurälä gesprochen. Die Bahn zu dem ca. 2000 m hoch gelegenen Platz ist jüngst vollendet worden, ebenso nach der alten Hauptstadt im Norden, dem zauberhaften ruinenreichen Anuradjapura, von dessen Kunstschätzen sich jetzt eine ganze Reihe prächtiger Stücke im Museum von Colombo befinden. Wer Ceylon kennen lernen will, muss dies Museum besuchen, schon um sich über die eigenartige Fauna der Insel zu orientieren, die teilweise in ihren Urformen zu sehen ist.

Die Fahrt nach Kandy führt erst durch die Ebene, durch feuchtes, sumpfiges Tiefland; allenthalben Reisfelder, umrahmt von Baumgruppen, unter denen die schlanken Arecapalmen besonders hervorstechen; und dazwischen Teiche und Lotosblumen. Allmählich geht es bergan, steil und steiler; das Zahnrad ist in Tätigkeit getreten, und mit grossartiger Kühnheit windet sich der Bahnstrang empor, eingehauen in die Felsen, an schwindelnd steilen Abhängen entlang. Herrliche Fernblicke weit über das hügelige Vorgelände hinweg in die Ebene hinein und auf die terrassenförmig aufgebauten Reisfelder in der Tiefe. Ein Tunnel, pechschwarzes Dunkel, und plötzlich eröffnet sich ein ganz anderes Bild: das Hochland mit seinen bizarren Formen, nur wenig von Wolken verhüllt; alles atmet die erhabene Planlosigkeit der freien Natur. Weiter geht's. Die Reisfelder haben aufgehört, hier und da sind Teepflanzungen zu bemerken — und auf der ganzen Bahnstrecke von Kandy nach Nuwára-Eliya drücken sie der Landschaft den Charakter auf in ihrer Massenausdehnung keinen verschönernden. Nach dem Zusammenbruch der Kaffeeplantagen durch Schädlinge in der Mitte der achtziger Jahre, wobei eine Krisis nur durch den sonstigen Reichtum des Landes vermieden wurde, hat man sich nach einer kurzen, wenig einträglichen Übergangsperiode mit Chinarinde, für Teekultur entschieden und wohl selbst nicht in den kühnsten Hoffnungen derartige Erfolge erwartet, wie sie eingetreten sind. Der Boden muss dem Teestrauch aussergewöhnlich gut zusagen. Das Ende der Entwicklung ist nicht abzusehen, da immer neues Land, das bisher, als zu steil und zerklüftet, brach liegen musste und mit wuchernder Tropenvegetation bedeckt war, gerodet und bepflanzt wird. Darin ist die Teepflanze, die im übrigen in sorgfältiger Behandlung auch bezüglich Entfernung des Unkrauts, ungefähr die Anforderungen des Weinstockes stellt, genügsam — gleich wie der Weinstock: sie wächst an den steilsten Hängen. Bei knorriger Staude gibt ihr vielverzweigtes Wurzelgeflecht der humus-Schicht einen guten Halt gegen die starken Regengüsse.

Der Aufenthalt gab Gelegenheit zu Bootstudien, die freilich erschwert waren durch die beispiellose Bettelhaftigkeit der Fischerbevölkerung. Nahe bei dem Hafen nordwärts ist ein Sandstrand, wo die Fischer zu landen pflegen. Besonders interessant sind die Kátumaram (nicht katamaráng), kleine Flösse aus je drei Balken, deren jeder die ungefähre Form eines Schneeschuhs hat. Zwei solcher leicht konkaven Fahrzeuge werden zusammengebunden, so dass eine Art Nussschale entsteht, auf welcher zwei Leute ihr Netz liegen haben. Im Gegensatz zu Kátumaram heisst das Auslegerboot mit seinen gekrümmten Auslegerbalken orúa. Fast jeder Reisende bringt diese Bootsmodelle in seinen Besitz, während der viel eigenartigere Kátumaram meist übersehen wird.

In der Nähe des Museums, mit freiem Ausblick auf den Viktoria-Park, liegt der Deutsche Klub und das Anwesen des deutschen Konsuls Freudenberg, der selbst zur Erholung in Deutschland sich befand.

Die Besatzung des Schiffes konnte sich der freundlichsten Aufnahme in Klubs und Privathäusern erfreuen.

Im übrigen nahm der Dienst das gesamte Personal voll in Anspruch. Proviant und Ausrüstungsgegenstände, die von Hause nachgeschickt waren, mussten übergenommen, Reparaturarbeiten an Schiff und Instrumenten mussten in die Wege geleitet werden. Ein grosser Teil der Vermessungsausrüstung war dem Schiff hierher nachgeschickt worden und musste nun verstaut werden. Der Einbau der Kutterdavits war der Werft von Walker & Son übertragen worden; sie hat diese Hauptarbeit sowohl, wie auch kleinere Aufträge, z. B. die Reparatur

Klar zum Aufstieg.

des Tiefenmanometers (Uhrwerk und Abdichtung), schnell und zufriedenstellend ausgeführt.

Am Abend des 13. Juli war alles fertig, so dass um 10^h in See gegangen werden konnte. Bald rollte „Planet" in gewohnter Weise durchs Wasser.

Der Kurs ging quer durch den SW-Monsun nach Sumatra hinüber. Das Wetter begünstigte die Fahrt in ganz ungewohnter Weise. Ein Pilotballon-Aufstieg glückte bis 12 000 m, ein Ballonsonde bis etwa 17 000 m, drei Drachenaufstiege vollzogen sich zwischen 4000 bis 5000 m: Ein zufriedenstellendes Resultat. Ohne Ausnahme zeigen die im SW-Monsun — also seit dem Passieren der Malediven — unternommenen Aufstiege das folgende Bild:

Unterwind bis zu 2000 m.

Wind dreht allmählich nach rechts bis zu 5 Strich in 7000 m Höhe.

Wind dreht darüber scharf nach rechts weiter auf Gegenmonsun NNO und noch 4 Strich darüber hinaus, ausserordentlich starke Temperaturabnahme, ganz gleichmässige Feuchtigkeit,

Windgeschwindigkeit nirgends besonders gross, am grössten zwischen 12 000 und 15 000 m.

Interessant war der Ballonsonde-Aufstieg am 18. Juli.

Die Vorbereitungen waren, wie gewöhnlich, in kurzer Zeit getroffen. Schnell eilt das Gespann bei dem SW-Unterwind nach NO zu weg, das Schiff mit langsamer Fahrt hinterher. Der Signalgast meldet: „Winkel steht." Das Schiff geht auf Gegenkurs. Offenbar haben die Ballons die Stillenschicht erreicht, die beide Gegenströmungen voneinander trennen. Die Ballons kehren um und nähern sich wieder langsam. „Planet" dampft mit äusserster Kraft WSWlich. Die Ballons sind jetzt 12 000 m hoch, gut zu sehen, und dann eilen sie schnell voraus, wie gewöhnlich. Von Minute zu Minute wird der Höhenwinkel ausgerufen: 60^0, 58^0, 55^0, 53^0, 50^0. Geplatzt! Endlich, es war höchste Zeit. Über 2 kg Auftrieb hatte das System gehabt, rechnete man mit 5 m/sec. Steiggeschwindigkeit, so war es jetzt ca. 17 km hoch und nahezu 15 km horizontal entfernt.

Der Ballon war inzwischen, wie stets beim Fallen, aus Sicht gekommen.

Für die Bestimmung des bei der „Jagd"[*]) einzuschlagenden Kurses war das Treiben des Ballons auf dem Wasser berücksichtigt. Auf diesen Jagdkurs wird gedreht. Viel Zuversicht ist nicht vorhanden. Schon mehr als einmal war das Platzen einwandfrei beobachtet worden, ohne dass das Suchen Erfolg gehabt hätte. Zeichnung und Berechnung werden schnell kontrolliert, ein Ausgucksdienst wird eingerichtet. Je zwei Mann auf jeder Brückenseite erhalten

*) S. Tafel 7. Bd. II. Aerologie.

Befehl, nur in Richtung querab und wenig vorlicher und achterlicher auszuspähen, der Ausgucksposten im Krähennest wird instruiert. Nach vorn zu brauchte nicht ausgeschaut zu werden, das Schiff konnte ja nicht vorbeilaufen. Nahezu 2 Stunden sind vorbei. Kommandant, wachthabender Offizier und das ganze Wachpersonal beteiligen sich am Ausguck. Da schallt's von oben: „Ballon 6 Strich an Steuerbord voraus." In der Tat, er ist's. „Hart Steuerbord — recht so." kurze Zeit noch müssen die Kessel ihre Leistungsfähigkeit hergeben.

Das Schiff nähert sich langsam. Mit 1—2 Sm Treibgeschwindigkeit des Ballons hatte man gerechnet. Schon die Tatsache, dass der Ballon soweit an Steuerbord in Sicht gekommen war, zeigt, dass die Treibgeschwindigkeit wesentlich höher gewesen, als angenommen war. Vielleicht oder wahrscheinlich war das auch früher schuld gewesen, dass die Ballons, auch wenn das Platzen beobachtet war, nicht hatten wiedergefunden werden können.

Zwei Stunden bleibt es noch hell, bis dahin muss der Ausreisser eingefangen sein. Und um $5^h 15^{min}$ ist er endlich an Bord mit tadelloser Registrierung; 17 000 m waren erreicht worden.

Mit dem letzten Drachenaufstieg auf der Breite von Engano waren die aerologischen Forschungen im wesentlichen beendet. Bei der im weiteren Verlauf der Reise infolge dauernder Landnähe zu erwartenden und auch angetroffenen unbeständigen Witterung waren vereinzelte Aufstiege von minderem Interesse, als sie es früher in gleichförmigem Passat- oder Monsungebiet gewesen waren. Immerhin wurde meteorologisch weitergearbeitet, soweit es ohne grossen Zeit- und Wegverlust möglich war.

Bezüglich der Ozeanographie führte der Kurs von „Planet" genau in der Mitte zwischen zwei schon von Ceylon nach Osten hinüberlaufenden Lotlinien, so hier ein dichteres Lotnetz schaffend. Eine Überraschung war das Auffinden einer 2000 m-Bank auf etwa $^2/_3$ der Strecke nach Sumatra hinüber. Das durch die Valdivia-Expedition nachgewiesene Mentavei-Becken liess es möglich erscheinen, dass ähnliche ringsherum bis zu bestimmter Höhe abgeschlossene Kessel auch nördlich und südlich existieren könnten; die Bodentemperaturen mussten darüber untrügliche Auskunft geben. Es wurden jedoch weder hinter Simalur noch hinter Engano bestätigende Anzeichen gefunden.

Hier gelangten auch die Versuche mit dem Tiefenmanometer von Schäffer und Budenberg zum Abschluss, die feststellen sollten, welche Tiefe die Instrumente tatsächlich erreichen bei bestimmter ausgelassener Drahtlänge, wenn der Draht nicht auf- und niederzeigt. Der Einfluss des Schrägstehens ist geringer, als man bisher angenommen hat, wohl weil sich die Schrägstellung meist nur bis in geringe Tiefen erstreckt. Bis zu einem Winkel von 25^0 zur Senkrechten war die Differenz in allen Fällen für die Praxis belanglos.

Der Monsun war inzwischen südlicher geworden, er wehte bereits zeitweise recht aus Süd. Diese Ablenkung rufen die steilen Randgebirge Sumatras hervor. Gegen sie trifft der SW-Monsun, und er strömt in seinen unteren Schichten zumeist nach N zu ab. Das Wetter war unter der Küste unstet und regnerisch. Die genauere Festlegung des der Inselreihe vorgelagerten Mentavei-Grabens, sowie die Ausführung von Serien wurden dadurch freilich nicht gestört.

Den Sonntag über wurde in der Lugu Bigo-Bucht am Nordende der Insel Simalur westlich von Sumatra geankert. Von Bord aus war zunächst kein Eingeborener zu sehen; es war, als ob der Platz ausgestorben wäre. Da jedoch aus dem

Beobachtung eines Ballongespanns kurz vor dem Platzen des einen Ballons.

Auf Simalur.

Grün einige Dachspitzen hervorlugten, wurde eine Landung unternommen. Bald zeigten sich Leute, und es fand eine ehrerbietige Begrüssung durch die Männer des Ortes statt, wobei diese sich auf die dargebotenen Hände neigten, wie um sie zu küssen. Das Land war herrlich anzuschauen. Die Höhenzüge sind mit üppigstem Urwald bedeckt, und in den Tälern dehnen sich saftige Wiesen aus, die von Wasserbüffeln, Karabauen belebt sind. Ausser schlanken Arecapalmen stehen an den Wiesenrändern die mächtigen Arenga-Zuckerpalmen und die Kokos- und Jakfruchtbäume, daneben umzäunte Gärtchen mit Reisbeeten. Unter den Fruchtbäumen liegen gehöftweise zerstreut die hübschen Holzhäuser der Bewohner, die in der Hauptsache von Atjeh zu stammen scheinen. Die Bewohner sind im allgemeinen scheu und zurückhaltend; die Farbe ist hellbraun bis braungelb, die Nasen leicht gebogen, die Stirn schmal, die Augen bei einigen Kindern mit deutlicher Mongolenfalte. Bei den Männern standen an Kinn und Lippen licht stehende, borstige Barthaare. Aus all dem, wie auch äusserlich aus der Bekleidung, geht hinreichend hervor, dass Simalur im Gegensatz zu Nias und besonders Mentavei nicht von den sogenannten Urstämmen Indonesiens bevölkert ist, sondern von den malayischen Mischvölkern mit mohammedanischem Glauben.

Am folgenden Morgen kam der Oberhäuptling, Mohammed Ali, der in Sigulei an der Ostküste ansässig ist, zum Besuch an Bord, in weisser Jacke mit silbernen Knöpfen, die ein „W" trugen. Er wurde ein kleines Stück an Bord mitgenommen und dann wieder mit seinem Adjutanten zusammen in sein Kanoe, das „eingesetzt" mitgenommen war, abgesetzt.

Mohammed Ali hatte ein Tuch über die Achsel hängen; daran hing nach vorne eine Art Schlüsselbund, mit einem Schlüssel und zahlreichen niedlichen Bronzeinstrumenten, Stichel, Stösser u. s. w.; hinten aber befand sich eine hübsche Silberbüchse nebst den gröberen Betelwerkzeugen. Das Betelstampfen wurde durch einen seiner Begleiter mit

Reisstampfer auf Simalur.

einem kleinen silbernen Mörser vorgeführt. Alle Silberwaren stammten grösstenteils aus Atjeh. Auch an Ort und Stelle wird Silber geschmiedet. Das ging aus einer kleinen Werkstätte hervor, die in einem papuaähnlichen Waldhaus mit Hängeboden gefunden wurde. Ein Kasten mit Schmelztiegeln in Ton gebettet, Wasser dabei, Amboss, Hammer und Lötrohr zeigten den kürzlichen Gebrauch an. Im Gegensatz zu den Waldhütten sind die Häuser der wohlhabenden Eingeborenen, besonders der Häuptlinge, aus behauenem Plankenholz, wie bei den höherstehenden Malayen Sumatras. Auf zahlreichen Pfosten liegt ein Bretterboden, zu dem eine Treppe hinaufführt. Das Innere des Hauses ist meist in zwei Räume abgeteilt. Eine Langseite hat eine schöne, breite, offene Veranda, und auch an den Giebelseiten sind meist Gänge, von denen einer zu der hinten in einem Anbau befindlichen Küche führt.

Der Sultan von Simalur mit Gefolge.

Der Ofen ist ein Holzrahmen, mit Erde gefüllt. Kessel und Tontöpfe werden auf drei Korallensteine gestellt. Neben Reis, Sago u. s. w. essen die Leute von Simalur auch gern die langen Früchte der Mangroven, die wie grüne Bohnen aufgeschlitzt und gekocht werden. Auch ein Gestell gleich einem Tellerwandbrett, sowie Rotanggeflechte zum Aufstellen des heissen Eisenkessels waren da. Kurz, alles zeigte eine höhere Kultur, als man es bei den Naturmenschen zu sehen gewohnt ist.

Die Reise führte weiter nach Padang auf Sumatra.

Die Anfahrt gab zu interessanten Wahrnehmungen an den vorgelagerten Riffen Anlass: isolierte ringförmige Gebilde mit einer Sandinsel in der Mitte, wie man sie in dieser Vollkommenheit sehr selten antrifft. Von der Insel Bindalang aus, welche nur noch 10 Sm von Padang abliegt, begleitet ein schönes Pan-

Haus von Mohammed Ali.

orama die Fahrt nach dem Hafen: im Hintergrunde ein hoher Kegelberg, links von ihm der kleine 350 Fuss hohe bewaldete Apenberg an der Küste, auf dem zu allgemeinem Ergötzen zahme Affen frei herumlaufen und weiter links in der weiten Ebene die grosse Stadt P a d a n g , auf malayisch „Ebene"; rechts vom Kegelberg, malerisch auf kleiner Insel, ein Leuchtturm und noch weiter rechts der Hafen von Padang, E m m a H a v e n.

Dorf in Emma Haven.

Diese Hafenanlage, wie überhaupt seine heutige Bedeutung und vor allem die Eisenbahn im Innern verdankt Padang der Auffindung von Kohlen im Ombilienbezirk, einer Kohle, die zwar ihrer starken Flamme halber nur bedingt gebraucht werden kann, aber trotzdem der geringen Transportkosten wegen im ganzen Bereich des Malayen-Archipels mit Importkohlen erfolgreich konkurriert. Die holländische Regierung hat alles getan, um den Abbau und die Verbreitung der Kohle zu fördern und auch „Planet" füllte mit ihr seine Bunker auf. Die Bahn dient hauptsächlich diesem Zweck und eine moderne, sehr praktische Ladebrücke in Emma Haven ermöglicht die Umfrachtung für den Seetransport auf die denkbar bequemste Weise.

Bei der Ankunft S. M. S. „Planet" lag kein Schiff im Hafen, nur einige kleine malayische Fahrzeuge waren zu sehen. Der Hafen hat noch etwas durchaus Urwüchsiges. Ringsum bewachsene Hügel und Felsen; an der Nordseite einige Lagerschuppen und am Strande östlich ein malayisches Dorf in seiner ganzen Eigenart, sonst alles Wildnis, wie denn auch Tiger sich noch in die nächste Nähe der Siedelungen wagen sollen.

Haus des Konsuls Schild.

Zum allgemeinen freudigen Erstaunen brachte der deutsche Konsul Schild, der bald nach dem Ankern dem Kommandanten, den er von früher her kannte, seinen Besuch machte, Post für das Schiff mit.

Emma Haven selbst bietet nichts. In halbstündiger Wagenfahrt durch hügeliges, waldiges Gelände auf einer Strasse, welche auf fast ganzer Länge durch Eingeborenen-Häuser malerisch eingerahmt ist, erreicht man Padang, eine Stadt, die mit ihrem vielen Grün ein freundliches Aussehen hat. Der sonst zu dieser Jahreszeit überwiegende Regen hatte glücklicherweise ausgesetzt.

Man lernte hier alsbald das interessante Leben in den Kolonien kennen. Angenehm fallen auf die prächtigen Gärten und darin schöne grosse Häuser mit grosser Vorder- und Hinterveranda, Vorder- und Achtergalerie genannt, auf denen sich die Bewohner grösstenteils aufzuhalten pflegen und zwar regelmässig in einfachster Haustracht, die Herren in einer Art Pyjama, die Frauen in weisser Jacke und mit dem malayischen Sarong angetan, dem bunten Tuch, das ähnlich dem Lavalava der Südsee um die Hüfte gestrammt wird und durch Ein-

Reishäuser auf Sumatra.

stecken der Zipfel sich selbst festhält. Der Fuss bleibt frei von Strumpf und Schuhwerk. Im Barfussgehen neben dem leichten Gewand liegt ein grosses Geheimnis, dass die Holländerinnen das tropische Klima so gut vertragen. Im Hausanzug werden Besuche empfangen, wird die mittägliche Reistafel eingenommen, und am Nachmittage wird ein ausgiebiges Schläfchen genommen, auf breiten moskitosicheren Betten, mit einem „Dutchwife" im Arm, wie die langen Kissen genannt werden. Geht die Sonne unter, hüllt man sich in europäische Tracht; um 7^h ist offizielle Besuchszeit, der Empfang.

Es blieb Zeit genug, einen 1½ tägigen Ausflug mit der Bahn nach Fort de Kock, dem Garnison- und Höhenort Padangs, zu unternehmen. Die Eisenbahndirektion stellte dazu, durch Vermittlung des Konsuls, ihren Salonwagen zur Verfügung, der mit seinen grossen Glasfenstern freien Ausblick nach allen Seiten gestattete. In nahezu sechsstündiger Fahrt wurde das Ziel erreicht. Zuerst führt die Bahn nach Norden durch die Küstenebene, durch dichtestes Grün, von Zeit zu Zeit über einen der zahllosen Flüsse rollend, die sich hier in kurzem Lauf ins Meer stürzen, dann wendet sich der Weg östlicher und steil geht's bergan. Vieles erinnert an die Kandy-Fahrt, nur fehlen hier die Fernsichten. Bei Padang-Panjang, der „grossen Ebene",

Haus aus den Hochlanden von Sumatra.

kommt man in den Bereich der grossen Vulkane Merapi. Singalang und Tandikat, zwischen denen man dahinfährt und man könnte versucht sein, sich in ein breites Alpental versetzt zu denken, wenn nicht die malayischen Spitzgiebel der Wohn- und Reishäuser mit ihren prächtigen Schmiedewerken daran erinnerten, dass man in die Bowenlande hineinfährt, in das alte mächtige Reich von Menangkabau. Fort de Kock liegt auf freier Ebene, überragt von Vulkanen. Auch die grösste Sehenswürdigkeit des Ortes, das „Karbauengat", verdankt sicherlich vulkanischen Kräften seine Entstehung. Es ist ein grosser Einbruch, eine gewaltige Schlucht, die sich im Zickzack durch das Gelände windet, mit senkrechten, zerrissenen, wohl 200 m hohen Wänden; unten fliesst ein kleiner Bach. Man geniesst von den Bruchrändern, über die man nur an einzelnen Stellen hinabsteigen kann, einen herrlichen Blick.

Eine Sehenswürdigkeit von Padang sind die Ansiedelungen der Nias-Leute, welche hier in ihren eigenartigen, von kleinen Holzgötzen strotzenden Häusern leben. Und alles grün ringsum, schöne Wege auch hier, wie überhaupt Padang mit seiner historischen Umgebung als einer der besuchswertesten Plätze in Holländisch-Indien genannt werden muss.

Der Gefängnisdirektor erlaubte bereitwilligst die Besichtigung seines Menschenmaterials zu anthropologischen Zwecken, und der deutsche Konsul vermittelte die phonographische Aufnahme zahlreicher malayischer Lagu (Gesang) und Pantun (Sinnsprüche) auf der Vorgalerie seines Hauses, wobei die Künstler, im Verhältnis zu ihren Leistungen, Honorare forderten, die den Tenören in der Heimat Ehre machen würden. Ja, nicht allein die Musiker und Sänger forderten, sondern auch von dem Anhang, der aus Neugier mitgekommen war, wollte jeder wenigstens einen Gulden haben.

Man wohnt gut im „Sawat-Hotel", das ein Deutscher leitet, und friert einmal wieder beim Schlafen. Mit grosser Fürsorge hatte der Konsul sich der Offiziere angenommen, und allen sein gastliches Haus geöffnet.

Das nächste Ziel waren die Mentavei- oder Mentawi-Inseln zwecks Erledigung einiger offener Fragen in der Tatauierung der Eingeborenen*). Früh am Morgen des 30. Juli lief das Schiff in die Sikakap-Strasse, welche

Trommel von Nias und Schild von Mentavei.

---

*) Archiv für Anthropologie, 1907. „Zur Tatauierung der Mentavei-Insulaner", von Krämer.

die Inseln Nord- und Süd-Pagi voneinander trennt, ein, passierte eine holländische Militärstation am Südufer von Nord-Pagi, mit Namen Sikakap oder Menting, und ankerte dann vor der Missionsstation der Rheinischen Missionsgesellschaft in Barmen. Die Station liegt gleichfalls am Südufer der Insel Nord-Pagi und bildet eine bescheidene Ansiedelung auf einem kleinen Hügel ausgerodeten Urwalds. Die Stille des Waldfriedens umfängt Haus und Wasser, ein einziges grosses Haus mitten in der Wildnis, das im Waldsee sich spiegelt. Waldfriede und Waldsee, so scheint es. Aber der See ist ein kurzer, stellenweise freiliegender, nur 500 m breiter Durchgang vom östlichen Inselmeer nach dem Indischen Ozean. Und der Waldfriede? Verborgen im Dickicht der Wälder und der Mangroven sind die Dörfer der Mentavi-Insulaner, die noch in absoluter Ursprünglichkeit sich befinden und die holländische Herrschaft nur bedingt anerkennen. Wer ihren Dörfern durch die engen Flussmündungen oder Mangroven-Kanäle naht, muss gewärtig sein, aus dem nahen

Missionsstation auf Nord-Pagi.

Dickicht einen Pfeil als Willkommensgruss zu erhalten. Kurz vor der Ankunft S. M. S. „Planet" waren in einem nahen Dorfe noch 5 Eingeborene wegen vermuteter Zauberei ermordet worden. Und neben dem dämonischen Bannzauber lagert auf dem lieblichen Landschaftsbilde noch die Plage des Sumpffiebers. Kein Wunder, wenn diese Inseln, so nahe an der grossen Heerstrasse, nur wenige Tagereisen von den Handelsemporien Javas entfernt, von den Seefahrern bis jetzt gemieden wurden, zumal kein besonderer Gewinn dort zu erwarten war.

Die Station bewohnte ein Missionar Lett mit seiner Frau. Ersterer kam sofort mit seinem Einbaum an Bord und bekundete aufrichtige Freude über das ihm völlig unerwartete Ereignis der Ankunft des Schiffes. Unter seiner Führung wurde alsbald eine Bootfahrt nach einem nahen Dorfe südlich der Strasse unternommen. Ein dichter Mangrovengürtel verbirgt dem Fremdling die Zufahrt zu dem Dorf, die sich hinter einem vorgeschobenen Busch in Form eines schmalen Kanals auftut und eine schwierige Passage für Schiffsboote bedeutet. Auf beiden Seiten stiessen die Riemen der Gig in das Wurzelwerk der Büsche, und das Wasser war so flach, dass ein Fortkommen kaum möglich schien. Nur langsam kam man vorwärts. Nach einiger Zeit kamen Kulturen in Sicht und da, an einer Biegung des Wassers, lagen mehrere Häuser.

Auf Pagi

Eingeborene von Pagi.

Wegen des tiefen Morastes war jedoch eine Landung schwierig; die wenigen Eingeborenen, die zuerst zu sehen gewesen waren, hatten sich geflüchtet, und wo auch der Fuss an Land zu treten versuchte, sank er im tiefen Schlamm ein. Dem Rufen des Missionars gelang es schliesslich, die Dorfbewohner der friedlichen Absichten zu versichern, so dass sie sich allmählich aus dem Dickicht herauswagten und auch zur Landung verhalfen, indem sie Stämme und Hölzer bezeichneten, auf denen man im Schwebegang hinüberkommen konnte. Ein langer Balkengang führte wie eine Kegelbahn hinauf zum Häuptlingshaus, wo auf der offenen vorderen Plattform ein schattiger Platz sich fand, gross genug, um alle Besucher und Bewohner aufzunehmen. Bei dem Studium der Tatauierung (Tätowierung), der Betrachtung des Hauses, das interessante Verzierungen von Hirschschädeln und Affenunterkiefern, den Resten religiöser Festschmausereien, aufwies, schliesslich bei der Unterhaltung mit den zutraulichen und nicht unschönen Mädchen, die sich mit polynesischer Freimütigkeit bewegten, verfloss die Zeit schnell und die weitere Tageseinteilung gebot wieder zum Aufbruch. Einem fröhlichen Mahle an Bord, dem leider die Frau des Missionars wegen Erkrankung an Malaria nicht beizuwohnen vermochte, schloss sich eine Besichtigung der Missionsstation an Land an, darauf ging das Schiff Anker auf. Die Kapelle spielte einige Weisen, die wehmütig in der einsamen Stätte verhallten, von der aus durch uneigennützige pflichtbewusste Arbeit der Zivilisation neue Güter zugeführt werden sollen.

Bald war man wieder im Ozean; auf und nieder stampft das Schiff, um sich immer neuen Wassermassen anzuschmiegen; auf und nieder gehen an Bord die Erinnerungen an die Bewohner der bisher berührten einsamen Eilande, um sie für das eigene Schicksal zu verarbeiten. Der letzte Aufenthalt hatte besonders eigenartige Erinnerungen geschaffen.

Am Nachmittag des 2. August wurde der berüchtigte Vulkan Krakatoa passiert, bekannt durch seinen Ausbruch am 27. August 1883.

Das Wasser der Meerenge war spiegelglatt, und neben dichten Haufen von Phycochromaceen sah man Bimsstein teilweise wie weissen Sand in grösseren Haufen vorbeitreiben. Die Bimssteinmassen erwiesen sich als Abbröckelungen von den steilen Kraterwänden. Der Paroxysmus von 1883 hat den Kegel, der dem Meere entragte, in zwei Teile

Auf Süd-Pagi.

Der Krakatoa.

auseinandergesprengt. Die östliche Hälfte blieb stehen, ein Teil der westlichen Hälfte wurde ins Meer geschleudert. Die nordwestlich von Krakatoa liegende Verlaten-Insel ist durch den Vulkanausbruch fast dreimal so gross geworden, dagegen erscheint die nördlich liegende Lang-Insel wenig Veränderung erfahren zu haben; erstere ähnelt einem Alligator, letztere hat — namentlich vom Norden gesehen — das Aussehen eines Walfisches. Der Hauptinsel zugekehrt zeigt Verlaten-Insel eine 20—30 m hohe senkrechte Felswand aus hellem, tonartigem Gestein, so dass man Kreidefelsen vor sich zu haben glaubt, wenn nicht die teilweise grossen schwarzen Flächen an die wahre Natur gemahnten. Westwärts trägt die kleine Insel einen Hain von tamariskenähnlichen Bäumen, wie überhaupt der ganze grosse Hauptberg, auch das Kraterinnere, sich mit Grün bezogen hat. Sogar stattliche Bäume waren vorhanden, Pandanus und Palmen von 4—6 m Höhe, und dies nach 23 Jahren, nach fast absoluter Zerstörung alles Organischen im Bereich des Berges. So mächtig wirkt die Naturkraft, so rasch begründet sich wieder eine Vegetation in den Tropen. Ein grandioser Anblick von dem kleinen „Planet" aus, der mit grossem Geschick auf Steinwurfweite an die senkrechte Felswand heranmanöveriert war, welche einen Vulkandurchschnitt darstellt, wie ihn die idealsten Konstruktionen geologischer Lehrbücher nie zu geben vermögen. Schichten lagerten konzentrisch auf Schichten, ein richtiger Stratovulkan.

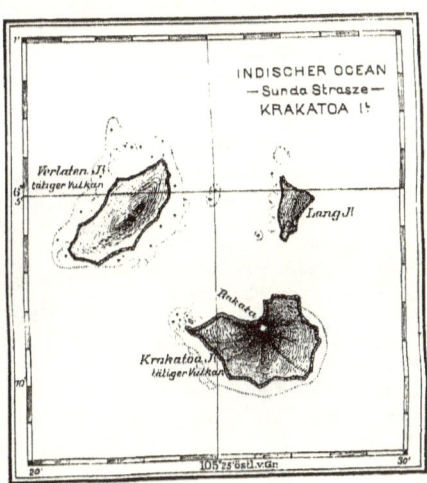

Die Lager fallen beiderseits dachförmig ab, aber nicht so stark als die Böschung der Aussenhaut, die grösstenteils, in den oberen Partien wenigstens, unter 45^0 zu bleiben scheint. Der Abfall der zentralen Schichten beginnt aber nicht firstartig von einem Punkt, sondern der obere Teil des Zentrums wird von einem grossen, massiven, homogenen, schwarzen Pfropf eingenommen, der zweifellos dem Krater das Ventil verstopft hat, so dass die Explosion zustande kam. Und welch starker Druck

Quergänge und Steilabfall des Krakatau.

von unten her erfolgte, zeigen die zahllosen mauerähnlichen Quergänge, welche von unten her in das harte Gestein hineingetrieben sind. Kern- und Quergänge sehen aus wie eine grosse Rübe mit ihren fadenförmigen Wurzeln. Und die Schichten wechselten eigenartig in der Farbe. Da war ein ca. 10 m hohes weisses, tonartiges Band mit Lapilli darin und unter ihm liegend ein ca. 20 m hoher Streifen einer rosafarbenen Lavaschicht und über beiden eine ziegelrote Mauer, mit weissen Streifen, wie wenn Kalkwasser über eine rote Wand geflossen ist. Ganz oben in luftiger Höhe liegt eine wohl 50—100 m hohe Bimssteinwand. Allenthalben ragen die spitzen Zacken empor, wie Geistergestalten herabwinkend. Die tropischen Regenfälle haben in dieser losen Masse tüchtig gewütet, denn, von Nord und Ost gesehen, gewahrt man an den oberen Bergflanken ein Chaos von Schluchten und Felsgraten, die dem Besteiger ein heimliches Grauen entlocken müssen.

Boden- und Wasserproben wurden in der Nähe heraufgeholt, ein Planktonzug wurde angestellt.

Starker Strom hielt das Schiff auf, so dass es erst um 10^h vormittags des nächsten Tages — 3. August — in Tanjong Priok, dem Hafen Batavias, eintreffen konnte.

B a t a v i a wird stets den enttäuschen, der nach Padang eine Steigerung erwartet. Man hofft von der Zentrale des Niederländisch-Indischen Kolonialreiches mehr. Landschaftliche Schönheiten fehlen in der Ebene; dagegen bildet das Museum mit einer schönen Bibliothek eine hervorragende Sehenswürdigkeit Batavias.

Der Hafen ist eine Kunstanlage und zangenförmig, aus zwei senkrecht zur Küste herausgebauten Molen gebildet. Von Handelsschiffen sehr belebt, lag von Kriegsschiffen nur das Kanonenboot „Mataram" im Hafen, alle anderen Streitkräfte der Niederländisch-Indischen Marine waren bei Lombok versammelt zur Straf-Expedition gegen Bali, eine Expedition, die durch den heroischen Todeskampf der Bali-Leute noch in frischer Erinnerung steht.

Nach Batavia führen von Tanjong Priok aus drei Verkehrswege durch eine sumpfige Ebene: Bahn (15 Minuten), Chaussee und Kanal.

Doppelausleger.

Besonders lohnenswert ist ein Ausflug nach Buitenzorg, dem berühmten Luftkurort im Innern. Ein dort zugebrachter Abend mit dem herrlichen Blick auf die Ebene und den mächtigen Vulkan Salak muss jedem Besucher als grösster Genuss in Erinnerung bleiben. Ein schöner botanischer Garten ladet zu Betrachtungen und Studien ein.

Bedauerlicherweise erlitt während des Aufenthalts in Batavia das Motorboot durch Explosion eine Havarie, welche seine Verwendung für längere Zeit ausschloss. Das Schiff war nunmehr nur auf seine Ruderboote angewiesen.

Der Vertreter des Reichs, Generalkonsul Anton, vereinte die Mitglieder der Expedition zu einem Festmahl.

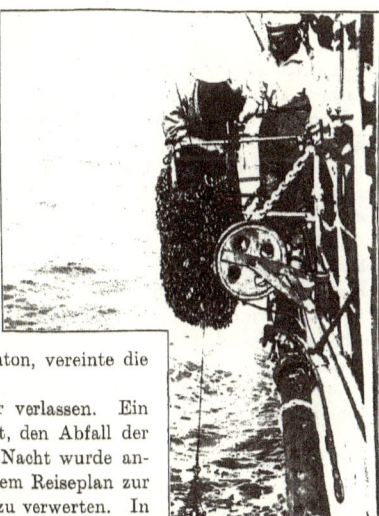

Das Lot wird heruntergegeben.

Am 8. August war Batavia bereits wieder verlassen. Ein wichtiger Abschnitt harrte des Schiffes. Es galt, den Abfall der Südküste Javas zur Tiefsee zu klären. Tag und Nacht wurde angestrengt gearbeitet, um die Zeit, die nach dem Reiseplan zur Verfügung stand, so nutzbringend wie möglich zu verwerten. In 25 Lotungen*) ist das Arbeitsergebnis niedergelegt, das ein Bild ergibt, welches der Formation des Abfalls der Sumatraküste zum Indischen Ozean ähnelt, nur alles etwa 2000 m tiefer liegend. Der Boden fällt nicht sehr steil auf etwa über 3000 m Tiefe ab, steigt dann um etwa 1500 m zu einem schmalen Rücken, fällt nahezu auf 7000 m, um dann allmählich auf die Tiefe des offenen Ozeans wieder anzusteigen. Der erste, flachere Graben ist die Fortsetzung des Mentawei-Beckens, der Rücken entspricht den Mentawei-Inseln, der tiefe Sunda-Graben dem Mentawei-Graben; man sieht die Übereinstimmung. Das Bild bleibt unverändert auf der ganzen Ausdehnung von Java.

In 10° S und 108° O wurde mit 7000 m die grösste bisher festgestellte Tiefe des Indischen Ozeans gelotet. Der Kommandant wählte zum Loten einen Zickzackkurs*), der auf etwa 150 Sm von Land in spitzem Winkel auf die Küste führte. Widriger Wind und Strom erschwerten die Durchführung der Aufgabe ungemein; machte doch das Schiff zeitweise nur 3—4 Sm über den Grund. Mit der Feststellung des Sunda-Grabens war eine neue Tatsache entdeckt.

Die aerologischen und biologischen Arbeiten gingen nebenher. Ein Ballonsonde-Aufstieg missglückte, da die Ballons undicht wurden. Die Ballons wurden wiedergefunden, das Instrument ging verloren. Dagegen hatte ein Drachenaufstieg, der letzte im Indischen Ozean, Erfolg; 3000 m wurden erreicht. Bedeckter Himmel, vereinzelte Regenschauer und häufiges Wetterleuchten zeigten die Küste an. In der Morgendämmerung des 16. August stand das Schiff vor der Bali-Strasse.

Eigenartige Landformen zeigt die Strasse: die Südabhänge im allgemeinen steil und zerrissen und mit Sandsteinklippen besetzt, ähnlich den Kreidefelsen von Dover; dagegen an den Nordseiten weit mildere Formen, sanfter Abfall zum Meer, überall reichliche Kulturen. Majestätisch überragt alles der 3200 m hohe Agoeng (Pk. von Bali). Gerade vor 50 Jahren hatte der berühmte englische Naturforscher Wallace, ein Zeitgenosse Darwins und eben-

*) S. Karte: Reiseweg.

bürtiger Arbeiter auf dem grossen Felde der Selektionstheorie, hier auf den beiden Inseln gesammelt und studiert, und eine Frucht dieser Studien war das Ergebnis, dass die kleine enge Meeresstrasse die indische von der australischen Fauna scharf trennt. Wenn auch spätere Forschungen dies nicht im vollen Umfange bestätigen konnten, so ist doch kein Zweifel, dass der Raum zwischen dem 115.—120. Längengrad, in welchem die Makassar-Bali-Lombokstrassen liegen, die charakteristischen Merkmale zur Kennzeichnung der Trennung zwischen Asien und Australien enthält. Doch, gleichsam als scheue man sich, dem friedlich zusammenliegenden Inselkomplex Gegensätze und damit Trennung zuzusprechen, bezeichnet man auch das ganze Inselmeer als das Austral-Asiatische Mittelmeer.

„Planet" traf am 18. August nachmittags auf der Reede von Makassar ein, etwas verspätet durch eine steife NO-Brise, die ihn in der Sunda-See aufgehalten hatte. Es lag daselbst ausser zwei holländischen Kriegsschiffen noch das ehemalige Forschungsschiff „Siboga", das jetzt als Verbindungsschiff zur Vermittlung von Kriegsvorräten pp. an die im mittleren Celebes gegen aufständische Eingeborene fechtenden Truppen diente.

Hatte man in der Frühe an der Südspitze von Celebes hohe Gebirgszüge gesehen, so gewahrte man um Makassar nur ein weites, ebenes Land, weshalb der Ort bei den Eingeborenen Young pandjang, „der lange Sumpf", heisst. Die Berge liegen so fern, dass sie das Bild des Landes kaum beeinflussen.

Bei der Annäherung an Makassar wurden zahlreiche Fischerfahrzeuge passiert; das grosse Gebiet flachen Wassers in der Makassar-Strasse bietet bis auf mehr als 20 Sm von der Küste ab den denkbar günstigsten Fischgrund. So war auch nirgends, früher oder später, eine so grosse Menge verschiedenartigster essbarer Seefische gesehen, wie in der grossen Fischhalle von Makassar.

Über Mangkassar, Makasser und Makassar streiten die Weissen; das letztere ist jetzt am gebräuchlichsten.

Makassar ist der Stapelplatz, der Durchgangspunkt für die Erzeugnisse der Molukken und Papuas. Harz, sowie Bälge von Paradiesvögeln und Krontauben bilden ansehnliche Schiffsladungen der grossen malayischen Praus, welche den Handel mit Neu-Guinea unterhalten. Der Handel ist vorzüglich in der Hand der Chinesen, welche sich hier akklimatisiert haben und zu den Millionären der Handelsstadt gehören. Viele reiche chinesische Familien sind seit Generationen hier; sie erscheinen nicht mehr als Zopfträger und haben ihre eigenen Tempel und Klubhäuser, was der inneren Stadt manches Interessante beifügt. Der Handel Makassars hat einen grossen Aufschwung genommen. Vor einigen Jahren noch ging der Handelsverkehr mit Küstendampfern und Seglern nach Batavia oder Singapore und von dort weiter nach Europa. Heute bestehen direkte Dampferverbindungen mit Europa. Ausser holländischen Linien lassen der Norddeutsche Lloyd und die Deutsche Austral-Linie ihre Frachtdampfer dort anlaufen.

Der Beteiligung Deutschlands an dem Handel Makassars entspricht die stattliche deutsche Kolonie, welche dem Schiffe im Verein mit dem deutschen Konsul einen überaus herzlichen Empfang bereitete.

Die Makassar-Leute sind bei der weissen Bevölkerung nicht geschätzt; sie sind faul und anmassend; als Diener sind hier fast durchweg Javaner angestellt.

Makassar-Leute.

Eingeborene beim Hazardspiel.

In der Markthalle konnte ein Hazardspiel beobachtet werden. Alles würfelte um Geld; Spieler und Zuschauer sitzen im Umkreis um einen offenen Platz, auf welchem Felder mit Zahlen wie beim Roulett aufgezeichnet sind. Nachdem gesetzt ist, wird mit Kreiselwürfeln gewürfelt und die Glückszahl bestimmt. Die Würfel werden darauf mit einer Kokosschale, die an Angelrute und Schnur befestigt ist, wieder eingeholt und die Gewinne in der Schale selbst ausgezahlt.

Dar ganze Vorgang vollzieht sich in lautloser Stille bei angestrengter Aufmerksamkeit.

Zu interessanten Studien gaben die verschiedenen Bootsarten Anlass: Einbäume, Einausleger, Zweiausleger, der sampan djalan „Reiseboot", und die Prau, sampa lari „Boot rennend" genannt, weiter die eigenartige Weberei und die mannigfachen Musikinstrumte, sowie das Gefängnis mit seinen verschiedenen Menschenrassen u. s. w.

Auch Makassar hat, wie viele andere Städte des Ostens, vier deutlich geschiedene Teile: das Geschäfts-, Europäer-, Eingeborenen- und Chinesen-Viertel. Breit und schön ist das Europäer-Viertel angelegt. Prachtvolle, von gewaltigen Tamarinden und Nussbäumen gebildete Alleen führen vorbei an grossen Plätzen, an schattigen Gärten mit halbversteckten Villen, an Kasernen und Regierungsgebäuden. An einer solchen Allee liegt auf freiem Platz gegenüber dem altertümlichen Fort Rotterdam der erste Klub und weiterhin der Palast des Gouverneurs. Das alte Fort ist noch nicht entbehrlich geworden; noch vor einem Jahre mussten die Weissen seinen Schutz aufsuchen wegen der unsicheren Zustände im nahen südlich gelegenen Reich Goa, das etwa eine gute Wegstunde abliegt. Sehenswert sind daselbst der moderne Sultanpalast und die Moschee.

Mit dem Verlassen von Makassar sollte das Schiff in kabelloses Gebiet eintreten; die Liegezeit wurde daher benutzt, um auf telegraphischem Wege noch die Regelung einiger wichtiger Fragen von Haus aus herbeizuführen.

Am Mittwoch, den 23. August, abends, verliess „Planet" Makassar nach fünftägigem Aufenthalt. Der Wind, der bei der Ankunft aus Nord geweht hatte, wehte nun aus Süd, und pflichtgemäss war der Strom gegenan; glücklicherweise

Palast des Sultans und Moschee in Goa.

standen für die Fahrt nur die regelmässigen wissenschaftlichen Arbeiten auf dem Programm: Oberflächenbestimmungen, biologische Untersuchungen und, je nach Umständen, auch wohl ein Drachen- oder Ballonaufstieg.

Trotz der offenbar unsichtigen Luft gelang es, am 25. August einen Pilotballon bis 4000 m Höhe zu verfolgen. Er stellte bis zu dieser Höhe O-Wind fest, der von 1500 m bis ca. 2500 m durch Stille unterbrochen wurde. Eine gleiche Stillenschicht, jedoch weniger mächtig und auch tiefer, bei etwa 500 m liegend, ergab auch ein Drachenaufstieg, der später ungefähr auf derselben Breite stattfand. Allgemeine Schlüsse lassen die Resultate dieser wenigen Aufstiege nicht zu.

Als das Schiff den Molukken näher kam, wurde das Gross-Plankton merkwürdig reich. Prächtige Venusgürtel (Cestus Veneris), Salpen, Quallen, Appendicularien, Pteropoden und am Tag leuchtende erbsengrosse Tierchen, die auch bei Mentavei einmal trotz Morgensonne hell im Wasser leuchteten, zeigten, dass das gelobte Meer der Naturforscher erreicht war.

Am 28. abends flog ein Sula-Vogel zu, bei den Matrosen Seetölpel genannt, der auf dem Achterdeck eine Nacht verbrachte, um sich auszuruhen. Dieses Tier bespritzte das Deck innerhalb 2 Stunden mit mehr als 200 Guanoflecken von Talergrösse und am anderen Morgen war alles, Bootgräting, Kartoffelkiste und das Oberlicht der Kommandantenkajüte wie weiss gekalkt. So wird es verständlich, wie die grossen Guanofelsen entstehen, an denen Tausende von Arbeitern Jahrzehnte lang arbeiten, um das köstliche Düngemittel abzutragen.

Gegen Mittag des 29. August war „Planet" beim Südkap der Bucht von A m b o i n a. Mittelhohe Berge, oben mit Gras, unten mehr mit Bäumen bewachsen, bilden die Halbinsel, die, südwestlich vorspringend, die nach Westen sich öffnende lange Bucht bildet, in deren Innersten, an der Südseite, die Stadt liegt.

Amboina, bei den Einheimischen Ambon, soll „nebelig" heissen, und in der Tat gibt es hier sehr viele Niederschläge, die das Land stets im Dampf erscheinen lassen. Deshalb ist die Temperatur hier auch niedriger als sonst im Gebiet. Am Tage war die Temperatur unter 27⁰ C. und nachts in den Kammern, soweit sie nicht am Kessel lagen, 23,5⁰ C.

Die Stadt liegt auf einer kleinen Ebene, zu der das Land allenthalben steil abfällt. Der Abfall setzt sich auch unter Wasser fort, und die Bucht ist so tief, dass an wenigen Stellen nur schmale Streifen Ankergrundes, dort zumeist, wo die Hügelketten etwas weiter zurückliegen,

Malayische Braut.

vorhanden sind. An einer derartigen Stelle liegt das Städtchen Amboina, die Hauptstadt der berühmten Molukken, von wo aus einst die Gewürznelken und die Muskatnüsse den Weltmarkt in Aufregung versetzten, das Dorado der Naturforscher und Muschelsammler, jetzt eine einfache, nüchterne Stadt ohne Prunk und Glanz.

Im Hafen waren wenig Schiffe. Von der Landungsstelle aus, einer langen Holzbrücke, geht man durch die Chinesenstadt, eine breite Strasse mit Läden und Markthallen. Ehe man auf den grossen freien Platz kommt, an dem das alte, jetzt zum Teil geschleifte Fort Victoria liegt, wandelt man unter hohen Canari-Bäumen dahin. An dem Platz liegt das Klubgebäude, die

Sozietät, vor dem am Geburtstage der Königin zur Mittagszeit die Tänze der Eingeborenen stattfanden. Zuerst kam ein Männertanz in zwei Längsreihen, in der Mitte die Vortänzer, die, im Kreise sich bewegend, stehend, oft auch in Hockerstellung mit Speer und Schild Arme und Füsse rhythmisch hoben und senkten. Ein wilder Alfurentanz folgte, bei dem die dünnen stabförmigen, oft mit Perlmutter eingelegten Schilde die Klewanghiebe aufzufangen bestimmt waren. Sehr ruhig und gemessen, nur wenig auf der Stelle tretend und graziös die Arme schwingend, tanzten die Mädchen, schön geschmückt und lieblich anzusehen. Trommeln und Metallbecken (rombong) bildeten die Musikbegleitung.

Die Jäger mit dem Radja.

Am vorletzten Tage wurde durch den Residenten eine Hirschjagd bei dem kleinen Dorfe Laha an der Nordseite der Bucht veranstaltet. Wenn auch die Jagd selbst kein Ergebnis verzeichnete, so gaben die eigenen Reize dieser von Menschenhand kaum berührten Natur hinreichende Entschädigung für ein empfängliches Gemüt. Ausserdem wurde den Jägern die Wohltat eines erfrischenden Morgenbades in einem ansehnlichen Flüsschen zuteil. Nach dem stundenlangen Marsch im hohen Alang-Alanggras folgte eine Erfrischung im Hause des Radja, das einfach und geräumig war und auf luftiger Veranda erquickenden Aufenthalt versprach. Eine Musik von Flöten und Metallbecken empfing die Jagdgesellschaft. Nachdem man gestärkt war, wurde das hübsch gelegene Fischerdorf besichtigt, in dem die Anfertigung der Fischkörbe aus Bambus und Rotang, sowie das Polieren der aus Bananenfasern gedrehten Fischleinen mit braunem Bast die besondere Aufmerksamkeit in Anspruch nahm. Boote mit Doppelausleger — apalepa — und grosse Verkehrsboote — orambái — waren zahlreich vorhanden; ein besonders schön geschmücktes Exemplar mit einer kleinen Kabine — dem

Strand von Laha.

Der Kasuartanz.

Radja gehörig — stand in einem Schuppen beim Landungsplatz.

Am Strande von Laha sah man das weit verbreitete Strandphänomen der Kokospalmenunterwaschung. Man glaubt darin eine Landsenkung erblicken zu dürfen. In Wirklichkeit handelt es sich aber nur um Gezeiten- und Sturmeinwirkungen. Dort wird an-, hier abgewaschen in buntem Wechsel.

Am letzten Tage verholte „Planet" an die Kohlenbrücke, und wer nicht Kohlendienst an Bord hatte, flüchtete sich auf den Regierungsdampfer „Arend", der diesmal auf Einladung des Residenten hin eine grosse Gesellschaft nach dem Dorf Amahusu, kaum $^1/_2$ Stunde westlich von Amboina entfernt, bringen sollte, Damen und Herren der Gesellschaft von Amboina, die Frau Gouverneur an der Spitze.

Ein geradezu glänzender Empfang war dort vorbereitet. Ehrenpforten hatte man errichtet mit Glücksgrüssen für den „Planet". Vom Strande führte die mit Fahnen und Girlanden bunt geschmückte Feststrasse zum Dorfe hinauf. Die hübschesten der kleinen Amboinesinnen streuten Blumen unter dem Klang der Musik, und die Schuljugend sang deutsche Lieder in deutscher Sprache: „Es braust ein Ruf wie Donnerhall", „Deutschland, Deutschland über alles" und andere mehr. Als der Sang verklungen war, hielt der Radja eine Begrüssungsrede und forderte zum Besuch seines Hauses auf, das an der aufsteigenden Dorfstrasse unter hohen Bäumen reizvoll und malerisch gelegen, die Gesellschaft zu fröhlicher Zusammenkunft vereinte. Alsbald begannen die Tänze: Zuerst die Mädchen mit Blumensträussen in den Händen, dann die Männer. Da war der Kasuartanz, höchst drollig anzuschauen, die Vögel durch Männer dargestellt. Dann der Bonitofang: eine Anzahl junger Leute stand im Rahmen eines Bootes, das keinen Boden hatte und trug diesen Rahmen in Hüfthöhe; mehrere der Bootsleute hatten Angelruten mit Haken, die sie auswarfen und andere, Bonitos darstellend, krochen vor dem Boot mit fischähnlichen Mützen auf dem Erdboden herum und schnappten nach den ihnen vom Boot zugeworfenen grünen kleinen Früchten des domi domi-Baumes. Kam einer der Jungen in Berührung mit einem Haken, so hing er

Fischtanz.

seinen aus Palmblatthüllen gefertigten Fischhut an denselben und verschwand. Besonders lustig war der Augenblick, als ein in einen Sack gehüllter Junge, als Alligator (buaia) verkleidet, sich in die Fischherde stürzte, um seinerseits Beute zu machen. Auf dem Bilde liegt das Ungetüm im Vordergrunde.

Als die Tänze beendet waren, spielte die Musikkapelle noch einige Weisen, die zwar infolge der langjährigen Herrschaft der Holländer in den Molukken bereits sehr europäisiert waren, aber doch noch eigenartig genug wirkten.

Amboinesische Mädchen.

In der Hauptsache waren es Flöten und Trommeln, aber auch der Bass kam zur Darstellung, indem einer der Musiker mit seiner grossen Bambusflöte in ein Blechgefäss hineinbliess.

Dann begab man sich auf die Höhen, wo ein Aussichtstempel mit umfassender Aussicht über die Bucht von Amboina erneute Anregungen gab. Eine Bootsregatta, die auf dem Wasser mit einheimischen Auslegerbooten abgehalten wurde, wurde von hier aus mit Interesse verfolgt. Bei einem Tanz der Amboinesinnen wirkten die Offiziere mit; er erregte besondere Aufmerksamkeit; einer der Offiziere musste sich in die Mitte des runden Tempels setzen; die Mädchen umtanzten ihn im Kreis und am Schluss erhielt er von einer derselben einen Kuss auf die Wangen.

Den Schluss des interessanten Besuches bildete eine Besichtigung des Dorfes und der Schule. Dann ging es zurück an Bord.

Die schönen Tage von Amboina waren vorüber. Es war ein schöner, aber auch herber Abschied von der Zivilisation. Nun ging's in das Papuagebiet, zunächst nach den Hermit-Inseln.

In der Ceram-See wurde noch eine kurze wissenschaftliche Arbeit vorgenommen. Eine Lotung von ca. 1000 m zeigte, dass ein tieferes Becken nicht besteht und ein Drachenaufstieg, bei dem es nur mit grossem Zeitverlust gelang, ca. 2000 m hochzukommen, brachte nichts, das eine Wiederholung gelohnt hätte.

Zur Ausfahrt nach dem Malayen-Archipel wurde die Selé-Strasse gewählt. S. M. S. „Gazelle" hatte sie seinerzeit auch befahren und gut über sie berichtet. Zudem bot sie gute Ankerplätze.

Früh am 6. September war das Schiff bei den Broken-Inseln; zwischen Neu-Guinea-Festland und der Insel Salwatti führt der Kurs in die Strasse, die beide trennt. Dabei wurde das W-Kap von Neu-Guinea dicht passiert; es ist flach und stark bewaldet; an der Spitze stand eine einzelne Casuarine, wie ein Bambus über dem Sandstrand hängend. Die Inseln im Einfahrtstrichter sind gleichfalls bewaldet, das wichtigste auf dem Kurs liegende Eiland Membok trug freilich nur fünf Kokospalmen. Allenthalben, besonders am Festland, sieht man einzelne Pfahlbautendörfer halb versteckt, aber niemand zeigt sich, als ob ein Dampfer eine alltägliche Erscheinung wäre. Salwatti ist flach, ein endloses Waldrevier. Erst war die Strasse noch mässig weit, bald zeigten sich grössere Inselgebilde und immer enger und enger wurde es. Am Ufer kennzeichnen Stangen mit bunten Tuchlappen, wie auf den Mentawei-Inseln, ein im Busch verborgenes Dorf, sonst erhält das Bild des Urwaldes nur hin und wieder Abwechslung durch ein Pfahlhaus am Strande, welches so nahe passiert wird, dass man durch Einblick in das Innere sich eine Vorstellung von den primitiven Lebensansprüchen der Bewohner machen kann. Jedoch nirgends ein Papua selbst zu sehen. Eine tiefe Stille, wie auf einem kleinen Waldsee, nur das Schreien der Papageien und das Girren der Tauben ertönt zuweilen. Ihr Geschrei veranlasst einen der zahlreichen Bordpapageien, sich seinem Gefängnis zu entziehen und den Flug nach dem Land zu wagen. Erst als „Planet" in die nördliche Ausfahrtstrasse kam, wurde ein Ein-

Papua-Haus in der Salvatti-Strasse.

geborenenboot gesichtet mit der holländischen Flagge am Segel. Eine Viertelstunde weiter und in der Ferne wurde in der Strasse eine Reede entdeckt, voll von Segelfahrzeugen, eine papuanische Handelsstation für Paradiesvogeljäger, Harzsammler und Trepangfischer; kein Zweifel, man war auf der Heerstrasse und der Kommandant, selbst befriedigt über das Gelingen der schwierigen Durchfahrt durch noch ganz unbekanntes Fahrwasser, wollte bei der Handelsstation zur Vornahme anthropologischer Studien kurze Zeit ankern. Schon waren einige Wellblechbaracken sichtbar, da ein Ruck, und das Schiff war auf Grund geraten. Glücklicherweise war „Planet" etwas kopflastig und hatte sich nur mit dem Bug aufgesetzt.

Ein Blick vorn über die Reeling zeigte ein eigenartiges Bild; in leuchtenden Farben liegt ein grosser Korallengarten vor dem erstaunten Beschauer ausgebreitet und darüber fliesst das Wasser rauschend am Schiffe vorbei nach vorn, so dass man das Empfinden hat, als ob man auf der Brücke über einem reissenden Flusse stünde; Platten der Madrepora cytherea, über 2 m im Durchmesser, grosse Rasen der Madrepora acuminata und Lophoseris, neben mächtigen Poritesblöcken erregen Entzücken und Bewunderung. Ein Boot mit malayischen Händlern kam bald aus Neugier heran, und man erfuhr, dass es glücklicherweise auflaufendes

Wasser war. Nachdem alles Schwere von vorn nach achtern gebracht war, gelang es denn auch, nach einigen Stunden wieder loszukommen. Als der gefesselte „Planet" wieder frei war und man nach der Unfallstelle zurückblickte, war auf dem Wasser fast nichts zu bemerken. Es war unmöglich gewesen, die Untiefe zu sichten; das Schiff hatte als „Vermessungsschiff" seine Taufe erhalten. Weiter dampft es durch den Kanal bei schweren Regenböen, geleitet durch die umsichtige Navigation des Kommandanten. Eile tat not. Die Arbeiten auf den Hermit-Inseln winkten. Dem Kommandanten lag daran, um jeden Preis vorwärts zu kommen. So ging's bei Nacht und Sturm vorwärts, ins Stille Meer, in den pazifischen Ozean hinein.

Welch ein herrlicher Anblick, als sich in der Morgenfrühe das massive Küstengebirge an der Nordküste von Neu-Guinea im Lichte der aufgehenden Sonne zeigte! Ein mächtiges Faltengebirge, mit tiefen Schluchten und dichten Wäldern um die Flanken.

Viel Treibholz erschien im Laufe des Tages, daneben waren Delphine, Grindwale und Spaltalgenrasen zu sehen, die oft Sandbänke vortäuschten. Das Wasser war wunderbar klar und durchsichtig, und noch in 40 m Tiefe war die weisse Scheibe, die zur Bestimmung der Durchsichtigkeit des Wassers an Bord war, zu erblicken.

Wettrudernde Kanoes.

Fünftes Kapitel.
Im Vermessungsgebiet des Stillen Ozeans.
Ein Vermessungstag.

Der Weg zu den Hermit-Inseln, dem Anfangspunkt der Vermessungstätigkeit wurde im Zickzack zurückgelegt, um den Tiefenabfall nördlich von Neu-Guinea zu klären. Er wurde aussergewöhnlich steil gefunden mit 3000 m in nur 9 Sm Küstenabstand. Die weiteren Lotungen dienten der Festlegung des Plateaus von 1000—1500 m Tiefe, auf dem sich die Matty-, Echiquier- und Hermit-Inseln erheben.

Am 13. September war das Schiff früh bei dem Bougainville-Berg; eine gewölbte bewaldete Kuppe, nahe der Grenze von Holländisch- und Deutsch-Neuguinea. Das Wetter war, besonders mehr unter Land, unbeständig; vielfach heftige Regenschauer, die insofern Nutzen brachten, als das Schiff das Wasser an Deck auffangen und auf diese Weise seine Vorräte an Frischwasser ergänzen konnte — eine höchst einfache und vor allem sehr ökonomische Auffüllung des Vorrats. So brachte eine Regenböe dem Schiff nicht weniger als 11 t Wasser ein.

Der Kommandant beschloss den deutschen Papualandsleuten bei dem hier an der Küste gelegenen Dorfe W a n i m o einen Besuch abzustatten; „Planet" stoppte vor dem Dorfe, wo über die Palmen hohe, geschmückte Hausgiebel herausragten, von seltener Grösse und Eigenart. Am Lande wurden Boote klar gemacht und bald sammelte sich um das Schiff eine ansehnliche Flotille, in allerdings ebenso ansehnlicher Entfernung. Zunächst gelang es nicht, sie zum Näherkommen zu bewegen; schliesslich kamen sie längsseit, um zu tauschen, aber stets mit der äussersten Vorsicht. Es waren dies die ersten Papua, welche „Planet" zu sehen bekam, grosse kraftvolle, dunkel bis mittelbraune Gestalten mit grossen braunrot gefärbten Haarfrisuren und die Gesichter teilweise schwarz gefärbt, heute noch so wie sie Finsch in seinen „Samoafahrten" (auf dem Dampfer „Samoa") abgebildet und beschrieben hat. Sie waren

Eingeborene zum Tauschhandel längsseit des Schiffes.

nackt und trugen einen Schmuck: Halsketten von Perlen und Vogelknochen, sowie Armbänder aus allerhand Geflecht. Als einzige Waffe hatten sie Casuardolche. Gegen Messer, Tabak und rotes Tuch (Lawa lawa) tauschten sie alles ein, was sie bei sich führten, auch die Dolche. Nur den geschnitzten Gallionschmuck ihrer Boote wollten sie nicht hergeben.

Als das Schiff nach einiger Zeit seine Fahrt fortsetzte, hielten sie sich an demselben fest und liessen sich noch eine Strecke mitschleppen, um im Handel fortfahren zu können.

Am folgenden Morgen lag das Schiff vor der kleinen Koralleninsel Matty, so benannt nach dem Freunde des Capitän Carteret, der mit der „Swallow" die Insel zuerst festlegte. Der Name bei den Eingeborenen ist Vuvulu und beginnt sich allmählich für Matty einzubürgern. Auf der Insel, die dicht mit Kokospalmen bestanden ist, besitzt die Firma Wahlen eine Handelsstation — ein einfaches Bretterhaus mit Wellblechdach, wie es bei den Coprahändlern der Südsee Sitte ist. Der Händler selbst war nicht zugegen; ein Chinese vertrat seine Stelle und übernahm die Führung an Land. Das Landen ist bei schlechtem Wetter nicht möglich; schon jetzt bei ruhigem Wasser musste hierbei vorsichtig verfahren werden, damit die Dünung das Boot nicht auf das Riff warf. Während der Bug des Bootes auf dem Riff aufsass, von 2 Eingeborenen in einem schmalen Ausschnitt festgehalten, war vom Heck des Bootes mit dem gewöhnlichen Lot kein Grund mehr zu erreichen. So schroff vollzieht sich hier der Übergang. In der Tat lotete „Planet", der sich infolge fehlenden Ankergrundes mit der Maschine auf der Stelle halten musste, 300 m vom Riffrand entfernt bereits 400 m Tiefe. Man denke sich, welch einen Bergkegel dies in der freien Landschaft ausmachte.

Die Insel Matty und das dicht dabei gelegene Durour (Aua der Eingeborenen)

Frauen und Kinder auf Matty.

haben besonderes Interesse durch die Auffindung der eigenartigen Waffen, welche an ostasiatische Vorbilder erinnerten. Man glaubte erst, es mit Chinesen zu tun zu haben. Dies hat sich aber nicht bestätigt. Die Eingeborenen sind zwar keine Papuas, keine dunkelfarbigen Melanesier, sie gleichen vielmehr den Malayen des indischen Archipels, und gehören zu den hellfarbigen Südseevölkern.

Von Waffen und sonstigen Eigentümlichkeiten der Insel ist an Ort und Stelle nichts mehr vorhanden. Die Leute haben im Laufe der Zeit nicht nur ihren Besitz an derartigen Gegenständen, sondern auch ihre eigenste Individualität im Verkehr mit der weissen Rasse eingebüsst. Ein stumpfer, müder Gesichtsausdruck kennzeichnet ihr Aussehen, eine fatalistische Ergebung in das Schicksal ihr Auftreten. Kein Leben in einem lebenden Körper; Angehörige einer jetzigen Steinzeit.

Die Häuser mit dem charakteristischen Giebel waren verwahrlost. In einem Hause waren zahlreiche weisse primitive Figuren an die Wände gemalt.

Eingeborene von Matty mit Taroblättern als Haarschutz.

Nach einer böigen und regnerischen Nacht kam bei langsam aufheiterndem Wetter am nachfolgenden Morgen Land in Sicht, zunächst freilich nur eine einzelne Bergkuppe der Hermit-Inseln. Bei weiterer Annäherung traten immer mehr dunkle Punkte im nächsten Umkreis hervor. „Dampfer an Backbord voraus in Sicht" meldet der Ausguck aus dem Krähennest. Von unten ist noch nichts zu sehen. In der Tat, da ist er. Mehrere ältere Signalgäste, die schon im Archipel gewesen waren, behaupteten mit Sicherheit, das Regierungsfahrzeug „Seestern" zu erkennen. Aber mit dem Näherkommen verschwand das Schiff wieder, und man sah ein kleines helles Bootswrack statt dessen auf dem Riff liegen; die Strahlenbrechung hatte die Täuschung hervorgerufen. Kurz darauf erschien das mit „Wahlenburg" bezeichnete stolze Gebäude der Firma Wahlen, der Eigentümerin der Insel, und schon strebte das Schiff der westlichen Haupteinfahrt zu, durch welche es den Ankerplatz vor der Ansiedelung Maron gewann. Als ein Menetekel der Schiffahrt liegt am Eingang der West-Einfahrt das Wrack des Dampfers „Johann Albrecht", der ehemals der Neu-Guinea-Companie gehört hatte und hier gestrandet war.

Der Besitzer selbst war nicht anwesend, sein Vertreter Herr von Seckendorff hiess das neue Vermessungsschiff im Schutzgebiet willkommen, wie er im August vorigen Jahres dem Vermessungsschiff „Möwe" bei dessen Scheiden aus der Südsee den Abschiedsgruss entboten hatte.

Die Hermits bilden einen nach Norden offenen Halbkreis, der in der Hauptsache aus 4 Inseln zusammengesetzt ist, von Osten nach Westen Luf, aus Klein- und Gross-Luf bestehend, dann Akib, Maron und Djalún. Sie sind hoch und vulkanisch im Gegensatz zu dem sie in weitem Kreise umgebenden Riffkranz des Atolls mit seinen angeschwemmten Inseln. Die hohen Inseln waren früher alle dicht bewaldet und zahlreiche Dörfer in den Niederungen bekundeten eine Bevölkerung, deren Zahl nahe an 1000 gereicht haben mag. Heute ist Akib und Maron bis auf eine kleine Parzelle beim Wohnhaus abgeholzt, zwecks Anlage von Kokosplantagen. Djalún war unter Arbeit genommen und nur noch Luf hatte seinen ursprünglichen Wald behalten. Dort, auf einer sandigen Landenge zwischen Gross- und Klein-Luf ist heute noch das einzige

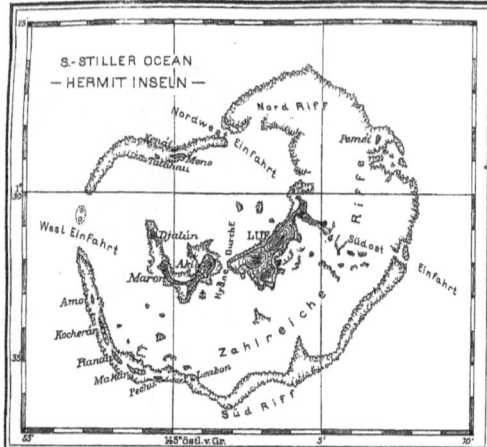

Dorf von ca. 10 Hütten und einem grossen Bootshaus mit annähernd 50 Einwohnern. Eine kleine Niederlassung von ungefähr ein Viertel der Grösse von Dorf Luf ist noch an der Nordseite von Maron. Die Eingeborenen, früher ein wilder Volksstamm, sind völlig friedlich und tun als Arbeiter ihre Dienste. Die Zeit der Strafexpeditionen ist vorüber und ist für die Hermits nicht mehr zu erwarten.

„Planet" sollte hier zum erstenmal als Vermessungsschiff in Tätigkeit treten. Die Arbeit nahm das Schiff 14 Tage in Anspruch. Sie wurde erschwert durch das Fehlen des Motorbootes, dessen Wiederherstellung noch nicht gelungen war. Wenn auch das Loten vom Ruderboot aus Schwierigkeiten machte, so gelang es doch in kurzer Zeit, die Vermessung der Lagune zu erledigen.

Am letzten Tag der Vermessung, als das Schiff noch einmal prüfend durch das Binnenwasser fuhr, wurden plötzlich 2 Boote aus Westen kommend gemeldet. Bald erkannte man, dass es Eingeborenenboote waren, die durch die Westeinfahrt nach der Station auf Maron fuhren. Sie waren von dem Coprahändler in Ninigo auf den Echiquiers, 50 Sm entfernt, abgesandt mit einem Brief an Herrn von Seckendorff. Erregte schon die Fahrt kleiner Boote über den Ozean berechtigte Aufmerksamkeit, so nahmen die Fahrzeuge selbst ein noch grösseres Interesse in Anspruch. Das eine war ein richtiges Ninigoboot mit langen Schnäbeln; das andere war ein Manus-Boot; es hatte an Stelle der Schnäbel Krokodilköpfe, wie sie auf den Admiralitätsinseln üblich sind; der Bootskörper war allenthalben mit Löchern gespickt, in denen teilweise noch Speerspitzen steckten. Die Besitzer des Bootes gaben an, dass das Boot vor einiger Zeit auf Ninigo ohne Ausleger angetrieben sei, und dass sie diesen neu daran gesetzt hätten. Kein Zweifel, dieses Stück gab eine Episode aus dem Manusleben kund, den Überfall eines Bootes, das, nachdem die Bootinsassen ermordet oder entflohen waren, herrenlos fortgetrieben war.

Die weiteren dem Schiff gestellten Aufgaben führten zum Besuch der Admiralitäts-Inseln, einem Komplex von Inseln, die sich um die grosse Insel Manus scharen. Die Zufahrt zu den einzelnen Inseln ist mehr oder minder durch zahlreiche Korallenriffe erschwert, so dass es einer sorgfältigen Navigation und

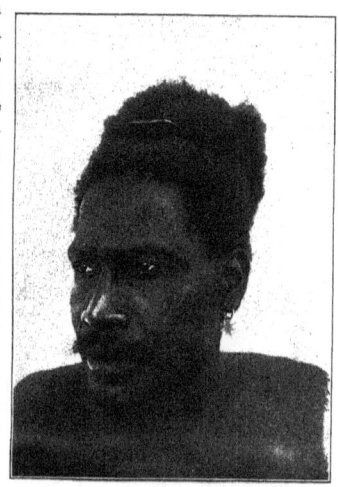

Hermit-Insulaner.

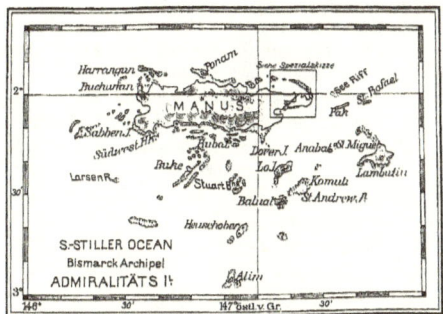

guter Beleuchtung bedarf, um sich durch das Labyrinth von Riffen hindurchzuwinden. Das hatte auch „Planet" erfahren. Zunächst wurde K o m u l i (St. Andrew-Gruppe) angelaufen, eine Station der Firma Hernsheim & Co. Auf einer kleinen Insel gelegen, bildet diese Station einen vorgeschobenen Kulturposten, von dem aus Handelsbeziehungen mit den Admiralitätsinsulanern unterhalten werden; Ein stolzer Menschenschlag, der sich leider durch gegenseitige Fehde zu vernichten trachtet und der die Gesetze von Humanität und Sitte nur langsam in sich aufnehmen wird. Weh dem Fremdling, der an ihre Küste verschlagen wird; kein gastlicher Herd wird ihm rauchen, kein schützendes Dach ihn aufnehmen; ohne Schonung verfällt er den grausamen Gebräuchen des Kannibalismus. Der Weisse wird getötet, der Schwarze wird aufgefressen.

Furcht und Aberglauben beherrschen den Menschen im Zustand der Kindheit und geben folgerichtig den Äusserungen des Selbsterhaltungstriebes einen feindseligen und finsteren Charakter. So die alten Taurier, die jeden Ankömmling, den das Schicksal an ihre Küste führte, der Diana opferten, so hier die Wilden der Neuzeit, denen, noch verächtlicher, das Fleisch des Erschlagenen als Preis der Überwältigung gilt.

Die Admiralitätsinsulaner sind intelligent und lebhaft. Ihre Verwandschaft mit den Papuas tragen sie deutlich im Gesicht. Sie handeln gern und sind in der Herstellung ihrer Geräte kunstfertig. Leider kommen sie für Arbeiteranwerbung wegen ihres trotzigen Sinnes vorerst noch nicht in Betracht, vereinzelt treten sie in Regierungsdienste als Polizeisoldaten. Die Errichtung einer Polizeistation in ihrem Gebiet wird hierin voraussichtlich erst Wandel schaffen.

Ähnliche Verhältnisse liegen auf der Insel St. Matthias vor; wenn es auch einmal gelungen ist, dort Arbeiter anzuwerben, so ist es doch fraglich, ob eine weitere Zufuhr von dort gelingen wird.

Die Insel Komuli ist eine kaum dreihundert Schritt lange dreieckige Koralleninsel, flach und allen Unterholzes beraubt, damit sie leicht zu übersehen ist und niemand ungesehen landen kann. Nachts brennen auf allen drei Landspitzen Feuer, als Zeichen, dass die Posten wachen und auf der Hut sind.

Das Haus des Händlers ist von einem Stacheldrahtzaun um-

Eingeborene von den Admiralitätsinseln.

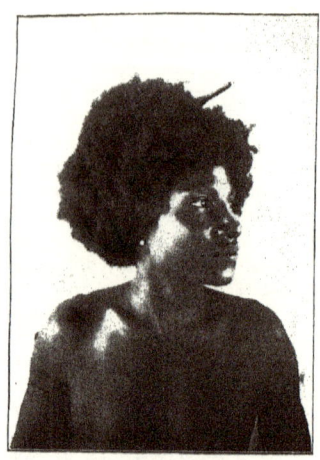

Djagon (Admiralitätsinsulaner).

geben, den kein Eingeborener ohne Erlaubnis passieren darf. Im Hause standen 14 Gewehre scharf geladen, 4 Hunde freuten sich auf der Veranda des weissen Besuches, den sie ungehindert passieren liessen. Beim Wohnhaus war ein Warenlager, weiterhin die Copraschuppen, Magazine und Wohnräume für die 30 Arbeiter. Es regnete in Strömen während des ganzen Vormittags, so dass die beabsichtigte Expedition nach der Insel Lo zwecks Besuches der dortigen Obsidiansteinbrüche aufgegeben werden musste.

Dafür kamen wenigstens am Nachmittag einige Boote von dort, und unter den Lo-Leuten waren 4 Jünglinge, die sich anboten, als Bootbesatzung der Kommandantengig zu dienen, auf 3 Jahre. Nachdem sie denn auch ärztlich untersucht waren, wurden sie eingestellt und erhielten als erstes ein schönes neues rotes Lava lava, das sie mit Stolz trugen. Dobunrey, Sogo, Basio und Siren hiessen sie. Aber in der Folge zeigten sie sich zu ungeeignet, auch behagte ihnen das strenge Regiment auf dem Kriegsschiff nicht, und so wurden sie später in Herbertshöhe gegen vier andere umgetauscht.

Am folgenden Tage dampfte „Planet" nach der Bird-Insel; auf dem Wege dahin wurden die niedrigen Sivissa- oder Sepessa-Inseln passiert, welche vulkanischen Ursprungs sind. Das Gestein tritt allenthalben an den Küsten 2—3 m hoch hervor; darüber ist dichter Wald. Die Inseln sollen sämtlich verlassen sein. Im Wasser sah man an einigen Stellen noch Pfähle der einstigen Pfahlbautenhäuser.

Dann folgt wieder eine Anzahl von ca. 7 Inseln, von denen Butonu die wichtigere ist, alle flach und anscheinend aus Schwemmland bestehend.

Bei P a k (St. Gabriel) kamen an der Westspitze zwei Eingeborenenboote mit der deutschen Flagge. Eines hielt weit ab und wäre wohl längsseit gekommen, wollte aber offenbar nicht mit dem anderen zusammenkommen, das näher an Pak lag. Letzteres kam längsseit, als einen Augenblick gestoppt worden war. Der Stationsleiter von Komuli hatte das Schiff auf einen Häuptlingssohn von Pak aufmerksam gemacht, Djagon genannt, der früher in Herbertshöhe gewesen war und etwas Pidjin-englisch verstehen sollte. Auf den Ruf „Djagon!" erschien auch alsbald ein netter junger Bursche mit buschigem Haupthaar an Deck und stellte sich als solcher vor. Er erzählte erregt, dass das andere Boot von der grossen Insel herüber gekommen sei und dass Manus-Leute, ihre Feinde, darin wären. Da der Kommandant nach kurzem Aufenthalt auf Pak nach dort zu fahren beabsichtigte, wurde von einer Verfolgung Abstand genommen.

Pak ist eine lange, dünne streifenförmige, von West nach Ost streichende Insel. Sie besteht ganz aus gehobenem Korallenkalk, der aber kaum höher als 3 m sich über das Meer erhebt. Sandstrand ist nur an einigen Plätzen vorhanden; allenthalben sieht man das knochenähnliche Gestein senkrecht in Mannshöhe dem Wasser entragen.

Nordwärts von der westlichen Spitze dehnt sich ein grosses Korallenriff aus und in demselben liegt die kaum mehr als $1/2$ km im Durchmesser haltende Insel Ulenau, durch einen schmalen Kanal von Pak getrennt. Auf der Insel war früher eine Händlerstation gewesen. Der Händler war aber auch hier ermordet worden, weshalb eine Strafexpedition gegen die

Pakinsulaner von der Regierung ausgeführt worden war.*) Von der Handelsstation waren noch Trümmer eines Hauses mit einer kleinen Veranda zu sehen und dicht dabei das Grab des Ermordeten. Da „Planet" in dieser Gegend zu vermessen hatte, wurden alsbald einige Eingeborene angewiesen, auf einem hohen Terminalien-Baum der kleinen Insel eine lange, schwere Bambusstange mit einem weissen Tuch daran als Vermessungszeichen im Wipfel festzubinden, was sie geschickt und willig ausführten. Ein Mann band sich ein Tau um den Leib, machte sich aus Bast einen Ring für die Füsse, um auf eine Kokospalme zu klettern, die dem Baumriesen nahe stand. Von der Palme schwang er sich wie ein Affe auf die Äste der Terminalie und zog dann mit dem Seil die Bambusstange und einen Genossen zu sich empor. Bald wehte die Flagge, alles überragend, über der Insel.

Während „Planet" seine Vermessungen betrieb, wurde der Anthropologe mit vier bewaffneten Matrosen an Land gesetzt, um eines der Dörfer zu besuchen. Djagon machte den Führer. Kaum 10 Minuten vom Landungsplatz entfernt, ganz im Busch versteckt, lag das Dorf Valun, wo Polau, Djagons Vater, regierte. Es war ein länglicher umzäunter Platz, aussen herum Hütten, in der Mitte zwei Junggesellenhäuser, in welchem sich Boote und grosse Trommeln befanden. Die Frauen waren erst ganz verschwunden; nach einiger Zeit kamen wie üblich einige ganz alte herbei, als Zeichen, dass Feindseligkeiten nicht beabsichtigt wurden. Nach einstündigem Aufenthalt und nachdem mancherlei eingetauscht war, wurde wieder an Bord zurückgekehrt, von den neugierigen Insulanern in grosser Anzahl begleitet. Auf dem Wasser setzte die Begleitung freilich sehr bald aus, da die Eingeborenen dem kräftigen Schlag der Gigsgäste nicht standzuhalten vermochten.

Djagon wurde mit Einwilligung seines Vaters als Dolmetscher nach der Hauptinsel mitgenommen, nicht ohne dass der Vater bei der Trennung sichtbare Zeichen seiner Rührung an den Tag gelegt hätte. Es war ihm auch versprochen worden, Djagon nach drei Tagen wieder zurückzubringen.

Am Sonntag früh lag „Planet" zu Anker in der östlichen Bucht der Hauptinsel, deren Eingang durch die grössere Bird-Insel, von den Eingeborenen Tuaral genannt, und die kleinere daneben liegende Borome-Insel abgeschlossen wird. Nordwärts von dieser Bucht dehnt sich eine zweite aus, welche Oberleutnant zur See Schweppe mit einem Boot besuchte, um die Durchfahrt von ihr nach der Nordküste zu finden, was auch gelang. Ein Kanal trennt also den östlichen vorspringenden Teil der Manus-Insel, welche wie Pak aus gehobenem Kalk besteht. An der Südseite dieser Insel liegt das durch seine Wildheit bekannte Dorf Loniu, das am folgenden Tage besucht werden sollte. Es regnete wiederum stark. Eingeborenenboote zeigten sich aus der Ferne, trauten sich aber erst am Abend heran, um Tauschhandel zu beginnen. Einmal gelang es einen Eingeborenen zum Betreten des Schiffes zu bewegen; aber er zitterte so gewaltig, dass er wieder entlassen werden musste. Sein Wille hielt seinem Mute nicht stand.

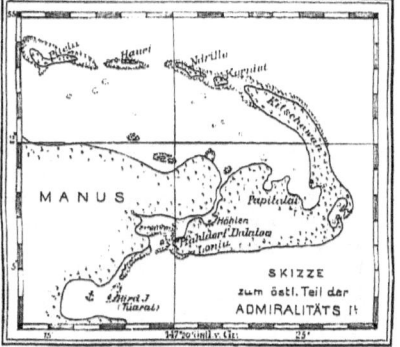

SKIZZE zum östl. Teil der ADMIRALITÄTS I[n]

Der Kommandant des „Planet" hatte 2½ Jahre vorher selbst die Zerstörung des Dorfes Loniu als I. Offizier S. M. S. „Condor"

*) Siehe „Bilder aus der Südsee" von Dr. H. Schnee.

Pfahldorf Dalálou.

geleitet, nachdem die Eingeborenen einen japanischen Schoner überfallen und die Besatzung niedergemacht hatten.

Am Montag nachmittag landete die Expedition am Pfahldorf Dalálou. Die Eingeborenen, durch den Tauschhandel vertraulicher gemacht, kamen allmählich aus dem Busch hervor. Nur der Häuptling war nicht zu bewegen, zu kommen. Er hatte als Willkommensgruss ein Schwein, einige Geldmuschelschnüre und ein Bündel Speere zurückgelassen, und man versprach ihm reichliche Gegengeschenke, wenn er am folgenden Tage an Bord kommen wolle. Djagon, im Schutz der weissen Umgebung, fühlte sich sichtlich gehoben seinen schwarzen Landsleuten gegenüber.

Nachdem man Gelegenheit genommen hatte, das Geschick der Eingeborenen im Speerwerfen zu bewundern, wurde der Marsch nach Loniu angetreten, das eine Stunde weiter östlich am Strand liegt. Das Dorf war bei der Ankunft leer, aber schöne grosse Häuser zeugten davon, dass es in neuem Glanze erstanden war. Schliesslich gelang es auch hier, einige Männer aus dem Walde hervorzulocken. Sie wurden beschenkt, worauf man den Rückweg antrat. Die Folgen dieser friedlichen Auseinandersetzung mit dem sonst verhassten weissen Mann zeigten sich insofern, als einige Zeit darauf etwa ein Dutzend junger Männer sich von dem Regierungsdampfer „Seestern", als er zufällig hier passierte, für die Regierung anwerben liess.

Als die Gig von Dalálou wieder nach dem Schiff fuhr, erschien der Häuptling am Strande und rief: er werde am folgenden Tage an Bord kommen. Aber er war doch nicht so mutig als er selbst glaubte. Er kam nicht und die Gegengeschenke mussten ihm zugesandt werden. Das Schwein aber brachte für die Mannschaft des Schiffes eine willkommene Abwechselung; das Frischfleisch war selten geworden.

Djagon wurde am anderen Morgen beim Passieren von Pak wieder abgesetzt. Er ging aber nicht von Bord, ohne sich vom Kommandanten zu verabschieden, der sich auf dem Vormars befand zwecks Ausgucks in dem riffreichen Fahrwasser. Mutig kletterte er die Jakobsleiter auf und ab, sprang dann über Bord, ein letztes Winken und „Planet" nahm Kurs auf das Endziel Herbertshöhe. Am 13. Oktober wurde daselbst geankert.

Herbertshöhe ist der Sitz des Gouvernements von Deutsch-Neu-Guinea, vorläufig noch. In kurzer Zeit wird es nach dem geschützteren Simpsonhafen der Blanchebucht verlegt sein. Mit den Vorbereitungen hierzu ist bereits begonnen. Gouverneur ist Excellenz Hahl. 1899 von der Neu-Guinea-Companie übernommen, ist für die Erschliessung des Landes, Beruhigung der Wilden, Sicherung der Arbeiteranwerbung viel geschehen. Handel und Plantagenbau zeigen erfreuliche Fortschritte. Im Bismarck-Archipel sind zurzeit etwa 12 000 ha unter Kultur; gesetzliche Bestimmungen sorgen dafür, dass fortlaufend gepflanzt werden muss, dass also stets junger Nachwuchs vorhanden ist. Obenan steht die Kokospalme; daneben werden Versuche mit Edelkakao, Baumwolle, Kaffee und Gummi gemacht und hierin bereits Erträge erzielt.

Die Planzungen sind über den ganzen Archipel und an der Küste von Kaiser Wilhelmsland verteilt; die besten ihrer Güte nach wohl vorerst noch in Neu-Mecklenburg zu finden. Guttabäume sind in Kaiser Wilhelmsland festgestellt. Auf einem Hektar wurden z. B. 80 kleine Guttabäume gezählt. Gutta ist auch bereits nach Europa verschifft worden und für gut befunden. Für neue Unternehmungen ist guter Boden reichlich und billig zu vergeben. Während der Archipel aus dem Stadium einer Handelskolonie sich erst allmählich zur Pflanzungskolonie entwickelt, ist Kaiser Wilhelmsland schon seit Anfang nur Pflanzungskolonie. Hier haben die Neuendettelsauer Missionare und die Missionare vom heiligen Geist ganz hervorragende kulturelle Leistungen gefördert. Sie haben ein grosses Verdienst an der Beruhigung der Eingeborenen, ihrer Erziehung zur Arbeit und Entwickelung der Lernbegier.

Das Dorf Loniu.

Der grosse Holzbestand kann leider nicht in gewünschtem Masse dem Handel zugänglich gemacht werden, wegen der Schwierigkeit des Holztransportes aus dem Busch. Grosse Eukalyptusbestände befinden sich an den Ufern des Henry Reid, Pawell-, Toriu- und Warangei-Flusses (Gazelle Halbinsel). Zwei Sägewerke bearbeiten Holz; eines am Toriu — der katholischen Mission gehörig — und eines im Rügenhafen (Gazelle Halbinsel), der Neu Guinea-Companie gehörig.

Der Fischfang wird nur gehandhabt, soweit eigener Bedarf vorliegt. Die Fische wurden in der ersten Zeit durch Explosionswirkung mit Dynamit erlangt; den Übelstand, dass bei diesem Raubfang die junge Brut zerstört wird, dass ferner Schildpatt und Trepang abnehmen, hat die Regierung erkannt und ihn durch gesetzliche Bestimmungen nunmehr aus der Welt gebracht.

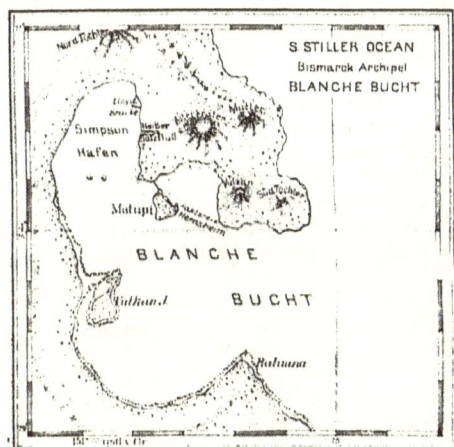

Fischdampfer sind noch nicht vorhanden. Das Bestreben, Viehzucht zu pflegen, liegt vor, findet jedoch in einer Art Zecke, die sich, wenn infiziert, beim Tier tötlich äussert, ein grosses Hemmnis.

Der Wegbau wird fleissig betrieben; die Eingeborenen selbst werden zur Herrichtung der Wege herangezogen. Der Ehrgeiz guter Arbeitsausführung lässt die einzelnen Dorfschaften zum Teil in einen regelrechten Wettbewerb miteinander treten.

Die Beruhigung der eingeborenen Bevölkerung schreitet stets vorwärts; dort wo Regierungsstationen sind, ist der Friede gesichert, aber auch nur dort. Besonders Neu-Guinea ist in dieser Hinsicht unsicher. Selbst an der Küste, wo die beiden Regierungsstationen Friedrich Wilhelmshafen und Ei-

Eingeborene von Pak.

tape sowie die Missionsstationen die Küstenvölker in Ruhe halten, kann durch plötzlichen Einbruch eines Stammes der Bergvölker der Friede jederzeit gestört werden. Hie Bergstamm, hie Küstenstamm: beide bekriegen sich in grimmer Fehde wie auf den Admiralitäts-Inseln die Manus mit den Usiai. Kannibalismus ist ausserhalb der Machtsphäre der Regierung noch in vollem Gange; schon in der Sprache einzelner Stämme gibt sich dies kund; so findet man auf der Gazelle-Halbinsel für Gras den Ausdruck Kumba na virua = Lager für die Aufzuessenden oder auch poka na virua = wo man die Aufzuessenden zerwirkt.

Das Innere von Neu-Guinea ist ein völlig unsicheres Gebiet, in das der Arm der Regierung noch nicht reicht. Gelegentliche Strafzüge der Polizeitruppe sind nahezu erfolglos, da sich die Eingeborenen sofort in das unwegsame Innere flüchten. Vermehrung der Polizeistationen und Wegebau werden hier erst Besserung schaffen. Vorläufig wird mit stetem Grenzkrieg zu rechnen sein. Die Waffen sind zum Teil recht primitiv — Nachklänge an die Steinzeit — wie z. B. bei den Buschkanakern der Gazelle-Halbinsel und von Neu-Pommern, zum Teil recht kunstvoll wie bei den Salomon- und Admiralitäts-Insulanern. Der sogenannte geflochtene Königs-Speer (Salomon-Inseln) und der Obsidian-Speer (Admiralitäts-Inseln) zeugen von einem erstaunlichen Geschick.

Irgendwelche Verbände unter den Eingeborenen — Sippen — fehlen. Es fehlt bei den Wilden der Begriff des einheitlichen Zusammenwirkens. Die kräftige Ausgestaltung des Individuums ist voll und ganz entwickelt. Grössere Vereinigungen, die auch nur annähernd eine staatliche Einrichtung darstellen sollen, fehlen ursprünglich ganz; nur das Dorf und auch nur das eine kennzeichnet ein Zusammenhalten; mit dem nächsten, mit dem es unter Umständen schon keine Sprachgemeinschaft mehr hat, lebt es in bitterer Fehde. So fehlt der Begriff der gemeinsamen Sache und hiermit sind die natürlichen Voraussetzungen zur Durchführung des Grundsatzes divide et impera gegeben. Allmählich kommt Ordnung in diese ungeordneten Zustände und bereits sind durch die Regierung Verbände eingeführt mit einem Oberhaupt (luluai), der auch äusserlich durch Verleihung eines Stabes mit silbernem Knopf kenntlich gemacht ist. Weiter geschieht die Erziehung der Eingeborenen durch Frohne, Kopfsteuer, Schutzländereien, Anbauzwang unter Aufsicht, Pflege der Gesundheit und Errichtung von Handwerkerschulen neben den Missionsschulen.

Regierungsstationen sind im Bismarck-Archipel ausser dem Gouvernementssitz Herbertshöhe noch Käwiäng, Namatanai (Neu-Mecklenburg) und Kiëta (Bougainville-Salomon-Inseln).

Die Schiffahrt hat einen erfreulichen Aufschwung genommen. Der Norddeutsche Lloyd hat neben der Hauptlinie der Austral-Japan-Linie einen Küsten- und Frachtdampferdienst eingerichtet, der für die Entwickelung der Kolonie von grossem Wert ist. Dem Pflanzer ist nunmehr ein regelrechter Absatz seiner Ware gesichert, und während früher der Verkehr

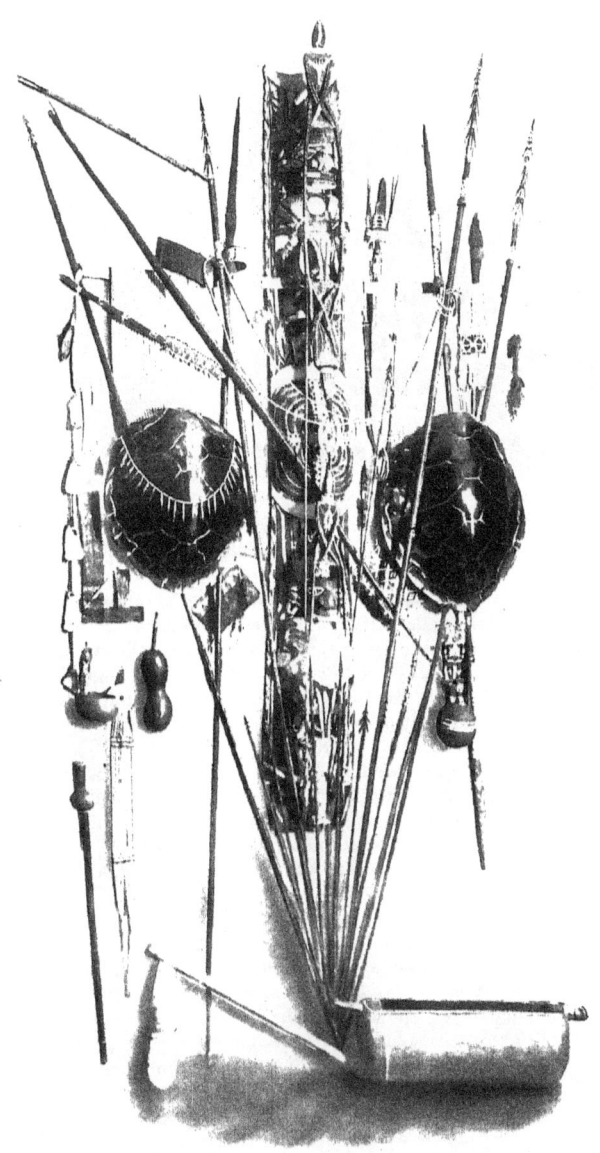

Waffen und Gerätschaften aus dem Schutzgebiet. I.
In der Mitte Schnitzerei aus Neu-Mecklenburg, oben daneben Obsidiandolch.
2 Königsspeere und ein Königsbogen von den Salomon-Inseln,
links unten Steinbeil aus Matty, rechts unten Trommel aus St. Matthias.

Handelskutter mit schwarzer Besatzung.

im Inselgebiet nur durch Segelfahrzeuge der einzelnen Firmen möglich war, die hin und wieder die einzelnen Plätze anliefen, hat er jetzt eine feste Grundlage erhalten, unabhängig von Wetter und sonstigen Erwägungen, die bei der Gestellung der Segelfahrzeuge mitsprachen. Im Simpsonhafen hat der Lloyd eine grosse Brücke erbauen lassen, an welcher seine Dampfer einschliesslich Postdampfer mit Bequemlichkeit ihre Ladearbeiten erledigen können.

Am 15. Oktober ging das Schiff nach Matupi. Hier wurden sofort alle Vorbereitungen getroffen, die zur Aufnahme der Vermessung von Neu-Hannover erforderlich waren, Maschinen und Kessel gereinigt, Materialien übergenommen, welche von der alten „Möwe" für das neue Vermessungsschiff in Matupi niedergelegt worden waren, und die Boote instand gesetzt. Unter letzteren bildete ein von „Möwe" zurückgelassenes Dampfboot eine willkommene Unterstützung bei der bevorstehenden Vermessung. Die freie Zeit diente der Erholung und Besichtigung der Kolonie. Die gastliche Aufnahme bei dem stellvertretenden Gouverneur Dr. Krauss sowie in dem Hause der unbegrenzten Gastfreundschaft von Herrn Max Thiel, dem Chef der Firma Hernsheim & Co., liess bald die Erinnerungen an die mannigfachen Unbill der langen Seereise verschwinden. Der Gouverneur Dr. Hahl war auf Urlaub.

Der Marine-Oberstabsarzt Dr. Krämer schiffte sich hier aus zwecks Erforschung der Karolinen, wohin er bei günstiger Gelegenheit aufbrechen wollte.

Nach kurzer Zeit war das Schiff soweit klar, dass es nach dem Vermessungsgebiet aufbrechen konnte. Der 27. Oktober war der Abfahrtstag. Mit gradem Kurs wurde längs der Küste von Neu-Mecklenburg gesteuert, auf den Gazelle-Kanal zu, vorbei an dem Holzhafen, welcher einstmals der „Gazelle" sein Holz als Brennmaterial für die Kessel hatte liefern sollen zum Ersatz von Kohlen, die ausgegangen waren, vorbei an der Angriffsinsel, dem Dorf-Hafen, dem Albatross-Kanal — alles Erinnerungsstätten einstiger Unternehmungen der Marine.

In die Steffenstrasse wurde eingebogen, man war auf dem Arbeitsgebiet angelangt. Da an früheren Vermessungen angeschlossen werden konnte, waren zunächst astronomische Arbeiten, die eine Ausgangsbasis hätten festlegen sollen, nicht nötig. Hier hatte die alte „Möwe" im Vorjahr ihre langjährigen Vermessungen in der Südsee beendet, worauf sie zur Ausserdienststellung die Reise nach Tsingtau angetreten hatte, auf der sie in dem berüchtigten September-Taifun 1905, bekannt unter dem Namen „Cantabria-Taifun"*) halbwegs zwischen Yap und den Philippinen noch zuguterletzt ihre Seetüchtigkeit bezeugen sollte.

Zwei von „Möwe" errichtete Steinpfeiler, nach Länge und Breite bestimmt, ergaben die Ausgangspunkte. Es wurde sofort mit der Triangulation begonnen, die von Neu-Mecklenburg nach Neu-Hannover führen sollte. Die Aufstellung der Baken an der Küste, welche die

---

*) Der Dampfer „Cantabria" war in dem Taifun untergegangen.

Waffen und Gerätschaften aus dem Schutzgebiet. II.
In der Mitte Schnitzerei aus Neu-Mecklenburg, darunter Lavalava aus den Admiralitäts-Inseln, davor hölzernes Kopfkissen aus den Admiralitäts-Inseln in Gestalt eines Alligators, rechts unter der zweiten Leiste Kamm aus St. Matthias, im übrigen Speere, Trommeln pp., aus den verschiedenen Gebieten.

Strand mit Vermessungsbake.

trigonometrischen Punkte für die Berechnung abgeben, verursachte nicht geringe Schwierigkeiten, da sie zum Teil weit ins Wasser auf das Riff, zum Teil auf steilen, schwer zugänglichen Fels oder Strand zu bauen waren, um die erforderliche Sicht unter dem ganzen Bakensystem zu erhalten. Der Nachteil der Riffbaken, dass sie dem Seegang preisgegeben waren und infolgedessen nur zu oft zerstört wurden, musste in Kauf genommen werden. Eine Wiederholung der mühseligen Arbeit des Aufbauens war oft genug notwendig. Doch man kam vorwärts und in kurzer Zeit war dank der energischen Leitung des Kommandanten und dem Eifer des Personals die Vermessung um ein gut Stück gefördert.

Das ganze Seegebiet von der Steffenstrasse (Neu-Mecklenburg) bis zum Westhafen (Neu-Hannover) wurde einer sicheren Schiffahrt erschlossen. Schiff und Boote hatten in der Handhabung der Triangulation, Topographie und Hydrographie ihr möglichstes getan. In der Verwendung des photogrammetrischen Verfahrens für Küstenaufnahme waren die ersten Versuche gemacht worden.

Während der Vermessungen um Neu-Hannover wurde auch die Regierungsstation Käwiëng auf Neu-Mecklenburg besucht.

Noch vor wenigen Jahren der Tummelplatz von Kämpfen mit den Eingeborenen, ist jetzt dank dem energischen Einschreiten der Regierung, hier allenthalben Ruhe; eine freundliche Gebäudeanlage grüsst vom Lande nach dem Wasser hin, und eine saubere Strasse, einem Gartenwege ähnlich, längs der Küste verbindet Käwiëng mit den einzelnen Pflanzungen an der Ostseite Neu-Mecklenburgs. Besondere Rasthäuser am Weg geben nachts Schutz gegen Regen und Insekten.

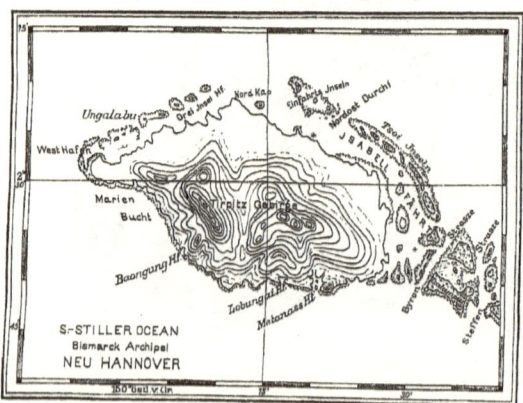

Die Ostküste ist gut bevölkert und daher geeignet zur Arbeiteranwerbung; leider ist sie arm an Häfen; eine gewaltige Ozean-See bricht sich zu Zeiten an den vorgelagerten Riffen und gibt ein erhabenes Schauspiel.

Ein Vermessungstag.

Das Schiff liegt zu Anker dicht unter Land. Vom Heck aus ist das die Küste umsäumende Korallenriff nur wenige Meter entfernt. Tiefe Stille und pechschwarzes Dunkel ringsum. Es ist ³/₄5 Uhr morgens. Noch weht die kühle Landbrise, die ein eigenes Aroma von Land nach dem Schiff hinüberträgt. Der Koch hantiert vorn an seinem Kochkessel, zu 5½ Uhr ist das Frühstück bestimmt, um 6 Uhr sollen die Vermessungsboote von Bord absetzen. Die Verpflegungsrationen für die Besatzungen der Boote, die den Tag über von Bord abwesend sein sollen, müssen bis dahin zusammengestellt sein. Tief unten im Schiff tun die Heizer ihren stillen, anstrengenden Dienst, im Maschinenraum revidiert der wachthabende Maschinist sein Reich; um 6¼ Uhr soll „Dampf auf" sein.

Aussenbords an der Backspier liegen die beiden Kraftfahrzeuge, das Motorboot und das Dampfboot. Aus dem Dampfboot kommt verhaltenes Geklirr, der Schornstein raucht schwach und von Zeit zu Zeit fällt ein Lichtschein aus dem Boot gegen die weisse Bordwand des Schiffes. Der Kessel wird angeheizt, lange vor der befohlenen Zeit des Klarseins muss mit den Vorbereitungen begonnen werden. Beim Motorboot dauert es kaum eine halbe Stunde, es liegt noch untätig und verlassen da. Vorn unter dem Sonnensegel der Back glaubt man eine Schar fliegender Hunde wahrnehmen zu müssen; Hängematte an Hängematte, dicht gedrängt, was irgend oben Platz finden konnte, hat sich aus der stickigen Luft unter Deck nach oben geflüchtet, um für die Nachtruhe die erquickende Nachtluft zu gewinnen.

Um 5 Uhr ist „Wecken". Die Toilette ist bald beendet und das Frühstück ist in vollem Gange. Langsam meldet sich die Dämmerung, der erwachende Morgen, den Wallace so lebendig beschreibt. „Etwa um ½6 Uhr bemerkt man den ersten Lichtschimmer, erst nimmt er langsam, dann so rasch zu, dass es um 5¾ Uhr fast taghell ist. Nun tritt die nächste Viertelstunde hindurch keine bedeutende Änderung ein; dann plötzlich taucht der Rand der Sonne auf und bedeckt die von Tau strotzenden Blätter mit goldglänzenden Perlen, schickt goldene Lichtstrahlen weithin in den Wald und weckt die Natur zu Leben und emsigem Treiben. Vögel zwitschern und flattern, Papageien kreischen, Affen schwatzen, Bienen summen, prachtvolle Schmetterlinge wiegen sich langsam in den Lüften oder sitzen mit ausgebreiteten Flügeln in belebendem Licht; die erste Morgenstunde ist in den Tropen mit einem zauberischen Reize ausgestattet, den man nie vergessen kann." Das wird auch auf dem Schiff bestätigt, das nur wenige Meter von Land entfernt liegt. Doch der Zauber darf nicht lange anhalten. Der bevorstehende Dienst lässt keine Zeit zu Naturbetrachtungen, eine hastige Tätigkeit entwickelt sich. Es erscheint der Zimmermannsmaat mit seinen Gästen an Deck, um das Bakenholz, Werkzeug und Material in die Boote zu verteilen. Die Bakenhölzer werden in der für je eine Bake erforderlichen Anzahl zusammengelascht und so den einzelnen Vermessungsgruppen mitgegeben. Die Boote werden zu Wasser gelassen, Waffen, Instrumente und Proviant werden in die Boote genannt, die Offiziere mustern ihre Leute und überzeugen sich, dass alles

Motorboot beim Loten.

Mangrovenbildung.

Material zur Stelle ist. Bald sind die Vorbereitungen beendet und die Ruderboote setzen im Schlepp der Kraftfahrzeuge von Bord ab.

Das Schiff beginnt kurz darauf ebenfalls seine Vermessungstätigkeit.

Es ist klares, schönes Morgenwetter; die Boote biegen in eine Strasse ein, zu beiden Seiten dicht mit Busch bestandene Inseln, die ihre Korallenriffe weit in die Strasse hinein vorschieben. Völlige Stille auf dem Wasser, die Boote fahren ganz nahe am Riff entlang. Klar und deutlich zeichnen sich bei dieser Beleuchtung und der glatten Wasseroberfläche die Riffe ab. Ein prächtiges Bild, ganz durchsichtiges Wasser, bis auf grosse Tiefen kann sich das Auge in die Betrachtung der submarinen Tropenwelt verlieren. In allen Farben schillern die Korallen, in mächtigen Blöcken, oft auch in ganz regelmässigen Kugeln aufgebaut. Milliarden kleiner Höhlen und Gänge werden durch grellfarbige Fische bevölkert, die dort ihr Spiel treiben; der grosse Hai zieht achtlos an ihnen vorbei.

Der Ausgang der Strasse wird erreicht und damit das freie Meer. Die Ruderboote werfen der Reihe nach von den Kraftfahrzeugen los, je nachdem sie auf Station angekommen. Eine Gruppe macht sich klar, an Land zu rudern, sie nähert sich dem Riff, das weit und breit keine Durchfahrt zeigt. Die hohe Ozeandünung verhindert die Passage über das Riff hinweg, das Boot würde kentern und zerschellen. Endlich wird eine kleine Durchfahrt entdeckt, der geeignete Moment wird abgewartet und mit Fahrt durch die Lücke gesteuert. Innerhalb des Riffgürtels ist stilles Wasser. Das Boot fährt auf Grund, die Instrumente werden herausgenommen und vorsichtig durchs Wasser an Land getragen. Am Strand steht der Eingeborene, der zukünftige Kulturträger in seinem Naturkleide. Von weitem hat er neugierig die Expedition betrachtet, wohl auch durch Winken mit grünen Zweigen seinen Wunsch zu erkennen gegeben, die fremde Bekanntschaft zu machen, bei direkter Annäherung hat er sich jedoch in den Busch zurückgezogen. Er hält sich in der Nähe auf und sieht zu, ob er etwas Interessantes in seinen Besitz bekommen kann, sei es offen durch Tauschhandel, sei es versteckt durch Diebstahl. Die alten Flaggen, die als Winkelobjekte für die lotenden Boote an den Bäumen aufgehängt werden, sind für ihn als lava lava (Lendenschurz) begehrte Gegenstände.

Die Gruppe soll einen Polygonzug legen, soll also die Küstenkonturen durch Winkelmessungen mit dem Theodoliten festlegen. Die Küste muss dazu beschritten werden, — stellenweise ein schwieriges Unternehmen. Ein durchgehender Strand existiert nicht, nur dort, wo Niederlassungen von Eingeborenen in unmittelbarer Nähe des Wassers liegen, sieht man glatten Strand. Sonst aber reicht der Urwald meist bis unmittelbar ans Wasser heran. Mächtige Bäume neigen ihre undurchdringlich dichten Kronen tief herunter, abgestorbene umgestürzte Stämme verbarrikadieren den Weg, Mangroven ragen weit ins Wasser hinein. Der Weg führt also auf dem Riff entlang; bis an die Knie im Wasser, gegen die Einwirkungen von Sonne und Regen nur wenig geschützt, mit Instrumenten und sonstigem Handwerkszeug be-

Eine Messung auf dem Korallenriff.

laden, ist Geschick und Aufmerksamkeit erforderlich, um die Spalten in den Korallen zu vermeiden, sich vor Fall zu bewahren und die Instrumente vor Beschädigungen zu hüten — ein mühseliger Marsch. Auf den einzelnen Stationen, am Strand oder im Wasser werden die Instrumente aufgestellt, Winkel gemessen und die Konturen auf der Arbeitskarte eingezeichnet. Eben ist wieder eine Messung beendet, da setzt eine Regenböe ein; die Instrumente werden eiligst verpackt, die Leute bergen sich so gut sie können im Busch. Die Böe geht schnell vorbei, die Sonne lacht wie zuvor und trocknet die durchnässten Kleider des Personals.

Es ist Zeit zur Mittagspause. In Lee eines mächtigen Baumstammes prasselt bald ein lustiges Feuer und darüber hängen in langer Reihe die Aluminium-Kochgefässe. Ist ein Eingeborenendorf in der Nähe, dann wird versucht etwas einzuhandeln, Kokosnüsse und Ethnologica gegen Tabak, buntfarbige Tücher, Perlen, Messer pp. Es wird auch Unterhaltung mit den Eingeborenen betrieben; häufig finden sich Leute unter ihnen, die aus einem früheren Dienstverhältnis beim Gouvernement oder bei einer Firma her sich in pidgin englisch verständigen können. Diese geben den Dolmetsch ab und spielen sich als wissende auf. „Me look by and by one fellow steamer belong bush?" fragt einer von ihnen und meint damit, wann er den Dampfer im Busch — die Eisenbahn —, deren Wesen ihm vielleicht früher durch irgend jemand geschildert worden ist, zu sehen bekommen würde. Auch für die

Pause im Vermessen.

In Unterhaltung mit eingeborenen Admiralitätsinsulanern.

Instrumente zeigt er Interesse, das Fernglas, das „glass belong long way" und den Kompassmagnet, den „black fellow he save road saltwater". Ein ergötzlicher Ideengang in dem Hirn des Naturkindes. Alles ist bei ihm „fellow", der „big fellow master too much" — der Gouverneur —, sogar die Frau; „one fellow wife".

Die Pause ist beendet, es wird klar gemacht zu Beobachtungen für Triangulation mit dem Schiff als 4. Punkt. Das Vermessungsschiff, das bis jetzt ozeanographisch und aerologisch gearbeitet hat, ist bereits in Sicht und geht auf Station. Bald zeigt der Signaldienst zwischen Schiff und den einzelnen Stationen an Land an, wie die Winkelmessung in vollem Gange ist und dass zu erwarten ist, dass die heutige Arbeit in der geographischen Festlegung von Punkten an der Küste wieder einen guten Schritt vorwärts tun wird. Die Baken sind ausnahmsweise weit von einander entfernt, 9 km; also gibt eine Messung bereits eine Küstenstrecke von 9 km.

Die Beobachtungen sind abgeschlossen; die einzelnen Stationen zeigen „klar", nur eine gibt Signal, dass sie die letzte Beobachtungsreihe zu wiederholen wünscht. Voraussichtlich hat sie eine Zeit lang schlechte Beleuchtung gehabt, so dass sie die nächste 9 km entfernte Bake mit dem Theodoliten nicht hat ausmachen können. Am Horizont zeigt sich schwarzes Gewölk, es setzen auch schon leichte Windstösse ein, der Wind setzt auf Land. Der Kommandant wird unruhig und erkundigt sich lebhafter nach dem Fortgang der Beobachtungen. Die Arbeit des Tages muss am folgenden Morgen wiederholt werden, wenn diese Beobachtung nicht noch vor Einsetzen des Regens gelingt, denn die vorgeschrittene Tageszeit verbietet eine Wiederholung nach dem Regen, der diesmal voraussichtlich längere Zeit andauern wird. Doch es glückt und die Signale melden, dass nunmehr alle Stationen klar sind. Das Einschiffen in die Boote wird beschleunigt, es ist Luvküste und der Seegang hat schon erheblich zugenommen. Es regnet gewaltig, die See schlägt bereits in die auf dem Riff befindlichen Boote; doch diese werden glücklich flott gemacht, mit seemännischem Verständnis und Geschick werden noch einige kritische Situationen überwunden und bald sind die einzelnen Gruppen frei von den Riffen und streben dem Vermessungsschiff zu. Dieses sucht sich einen Ankerplatz; keiner zu finden; überall viele Hundert Meter Wasser. Es wird auf eine Einfahrt zu gesteuert, welche vielleicht zu einem Ankerplatz in einer Bucht führen kann. Die Einfahrt ist noch unvermessen, sie ist schmal, aber immerhin gut benutzbar. Ein Dampfboot fährt lotend voraus, das Schiff hinterher, zur Vorsicht einen Buganker mit etwa 20 m Kette als eine Art Tiefenmelder im Wasser. Es wird eine Bucht sichtbar, gross und schön, einem heimischen See ähnlich; ein wunderbares

Bild mitten im Urwald entrollt sich dem Beschauer. Doch zu Betrachtungen ist keine Zeit.
„Riffe voraus"; die Bucht ist voller Riffe. Der Anker fällt und da kein Platz zum Schwoien,
muss das Schiff achtern mit der Stahlleine an Bäumen festgemacht werden. In starrer Umarmung umklammern die Leinen die Urwaldriesen und lassen sie zum ersten Mal die Erzeugnisse einer fernen Kultur fühlen.

Das Manöver ist beendet, das Schiff liegt wie in einem Park. Der Zugang zu den Bäumen,
an denen festgemacht ist, wird für spätere Manöver gelichtet, die Stämme selbst zur besseren
Sichtbarkeit mit roter Farbe bemalt. Bald ist alles fertig, die Mannschaft erhält Freizeit. Es

Das frühere Vermessungsschiff „Möwe" im Busch.

ist auch spät; die Sonne ist verschwunden und der dunkle Schiffskörper, hie und da durch
Lichtscheine erleuchtet, wirft düstere Schatten nach dem Busch, in welchem ängstliche Gemüter
das schwimmende „Dorf" als ein Erzeugnis des tamberans (Teufels) mit argwöhnischen Blicken
betrachten.

„Ruhe im Schiff" pfeift der Unteroffizier der Wache. Nur in der Kommandantenkajüte ist es noch unruhig. Der Kommandant besichtigt die Arbeitskarten der einzelnen
Gruppen, Besprechungen finden statt, die Befehle für den kommenden Tag werden ausgegeben.
Allmählich kommt auch das Offizierkorps zur Ruhe, um am nächsten Morgen wieder in aller
Frühe auf dem Platz zu sein.

So geht es Tag für Tag, bis die Reparaturperiode in Hongkong oder Sydney eine willkommene mehrmonatliche Unterbrechung in der Vermessung eintreten lässt.

„Tages Arbeit . . . .
saure Wochen, frohe Feste."

S. M. S. „Planet" in Matupi.

Sechstes Kapitel.
Reise nach Hongkong.

Am 15. Dezember wurde die Vermessung abgebrochen; am 24. war Besatzungswechsel in Matupi, Kapitänleutnant Kurtz übernahm das Kommando*); vom 24. Dezember bis 4. Januar 1907 war das Personal mit dem Auspacken von Ausrüstungsgegenständen und Proviantvorräten beschäftigt, die in etwa 1800 Kisten aus der Heimat nachgeschickt waren. Am 5. Januar 1907 wurde die Reise nach Hongkong angetreten, wo das Schiff die alljährlich vorgeschriebene Dockung vornehmen sollte. Der letzte nicht unwichtige Abschnitt seiner Forschungsreise begann.

Ziel war zunächst Käwieng und Westhafen auf Neu-Hannover. Hier, wo nach der Rückkehr von Hongkong die Vermessungen fortgesetzt werden sollten, waren einige Vorbereitungen dafür zu treffen. Nach Erledigung dieser Arbeiten ging „Planet" am 8. Januar nach Yap weiter.

Der am gleichen Tage stattfindende erste Drachenaufstieg misslang; der Drachen stürzte mit 200 m Draht ins Wasser. Er wurde aber samt Meteorograph geborgen, und es gelang dem Geschick des Oberleutnants zur See Schlenzka, die Uhr des Instruments den unheilvollen Folgen des Seebades zu entziehen. Während sonst die Uhren nach einem solchen Missgeschick stehen bleiben und unverwendbar werden, wurde hier eine sorgsame Behandlung mit Frischwasser, Alkohol, Äther und Öl mit dem Erfolg belohnt, dass das Uhrwerk auch weiter gut zu brauchen blieb.

Am 10. Januar gelang dann ein Drachenaufstieg mit 1500 m erreichter Höhe, eben noch im letzten Ausläufer des NW-Monsuns.

Mit einem zwei Tage später bei klarem Himmel hochgelassenen Pilotballon hatte das Schiff weniger Glück; er verschwand nach kurzer Zeit in einer Wolke.

*) Zusammensetzung des neuen Stabes, s. Einleitung.

Während der Tieflotungen dieser Tage zeigte es sich oft nötig, dem Schiffe eine gewisse Fahrt auf einem bestimmten Kurse zu geben, um den Lotdraht senkrecht nach unten fahren zu lassen. Diese auf den ersten Blick überraschende Erscheinung wird hervorgerufen durch die Oberflächenströmung: Das Lot sinkt in dem unbewegten Wasser der tieferen Schichten senkrecht unter und das Schiff wird oben von der Strömung weggeführt. Man erkennt das an Bord daran, dass der Lotdraht, der anfangs senkrecht nach unten zeigte, aus dieser Lage sozusagen weggeschoben wird. Eine einfache Überlegung ergibt, dass man den Lotdraht wieder in senkrechte Lage bekommt, wenn das Schiff dorthin dampft, wohin der Draht zeigt. Der so eingeschlagene Kurs ist also entgegengesetzt der Oberflächenströmung. Deren Richtung kann man auf diese Weise ermitteln. Auch ihre Geschwindigkeit kann man bestimmen; sie ist gleich der Fahrt, die das Schiff machen muss, um den Draht dauernd genau senkrecht zu halten.

Auf diese Weise wird der Oberflächenstrom von jetzt ab bei jeder Lotung nach Richtung und Geschwindigkeit zu ermitteln gesucht.

Den so erhaltenen Ergebnissen kommt ein ziemlich hoher Wert zu, wenn sie bei Windstille oder leichter Brise gewonnen werden und wenn das Schiff feinfühlig und geschickt geführt wird. Mit zunehmendem Wind und Seegang wird es immer schwieriger, für den Strom zuverlässige Angaben zu erhalten, weil der Einfluss der Elemente auf Kurs und Fahrt stets nur schätzungsweise festzustellen ist.

Es muss auch noch erwähnt werden, dass man die Stromgeschwindigkeit stets ein wenig zu klein messen wird, da der Oberflächenstrom den Draht trotz seines geringen Widerstandes in gewissem Grade mitnimmt. Praktisch fühlbar wird dieser Fehler aber nur bei Strömungen von grosser Geschwindigkeit, umsomehr als bei diesen die strömende Schicht in der Regel tiefer hinabreichen wird als bei langsamen Strömungen.

Nach im ganzen 8 Tieflotungen und einer Serienmessung wurde am 16. Januar vormittags Yap erreicht, die Regierungsstation für die West-Karolinen und Marianen.

S. M. S. „Planet" lag im Tomilhafen, vor dem Kohlenlager auf dem Inselchen Tarrang, vertäut.

Die feste Lage des Schiffes am Kai und die sehr geringe Bewölkung ermöglichten es, dass 6 Pilotballons hochgelassen und teilweise über 30 Minuten lang beobachtet werden konnten.

Anmutige Spaziergänge führen von der Kolonie aus durch die Dörfer der Yaper mit den schönen hochragenden Häusern. Allenthalben Sauberkeit, und die Wege mit Steinen ausgelegt, wie in einem heimischen Park. Die Kolonie selbst liegt an der Südseite der Bucht, wo auf einer Halbinsel das ehemalige spanische Fort lag, der jetzige Regierungssitz. Den Berg hinauf inlands führt eine Strasse, an der die Gebäude der Kabelgesellschaft, das Hospital und die Mission liegen. Ein neues Hospital war im Bau im Innern der Bucht, südlich von Tarrang.

Die Kokosbestände der Insel sind durch Taifun und Schildlaus so mitgenommen, dass eine Ausfuhr von Copra bis auf weiteres verboten ist, um einer Hungersnot unter der Eingeborenenbevölkerung vorzubeugen.

Nach viertägigem Aufenthalt wurde Yap verlassen und Korrorhafen (Palau-Inseln) am 22. Januar erreicht. Unterwegs wurden, weil das Relief des Meeresbodens bekannt war, keine ozeanographischen Arbeiten vorgenommen.

Eingeborene Frauen von Yap.

Die Einfahrt führt durch ein Gewirr von Korallenriffen. Den Hafen selbst aber umgeben ca. 100 m hohe, schroffe, bewaldete Kalkfelsen, zwischen denen der nicht viel höhere vulkanische Pik herausragt. Ein Durchlass in den Kalkfelsen führt zu der vom Ankerplatz aus nicht sichtbaren Regierungsstation am Westende der Insel Korror.

Die Palau-Inseln treten wirtschaftlich noch wenig in die Erscheinung. Plantagen gibt es nicht. Seit einigen Jahren ist dort eine Regierungsstation errichtet und von dieser der Anbau von Kokospalmen in die Wege geleitet, indem die Eingeborenen hierzu angehalten werden. Auch ist beabsichtigt, der Pflege der Viehzucht näher zu treten. Die wirtschaftliche Bedeutung der Inseln wird vielleicht durch die Phosphatfunde, die bereits zu kommerziellen Unternehmungen geführt haben, gehoben werden. Auf Angaur sind allein über 2 Millionen t wertvollsten Phosphats festgestellt worden. Eine Sonderberechtigung zur Ausbeutung der Lager ist der zu diesem Zweck gegründeten „Deutschen Südsee-Phosphat Aktiengesellschaft" in Bremen verliehen worden.

Die Eingeborenen verhalten sich ruhig; Anschläge, die von den Zauberern eingeleitet wurden, um ihre schwindende Macht wieder zu Ansehen zu bringen, sind von der Stationsleitung im Keim erstickt worden. Die Hauptmissetäter wurden nach Saipan auf den Marianen deportiert, wo sie sich im Plantagenbau und in sonstigen Arbeiten nützlich betätigen sollen.

Nach nur zweistündigem Aufenthalt ging „Planet" wieder in See.

Der Weg von Palau nach der Ostküste der Philippinen versprach ozeanographisch sehr wichtige Aufschlüsse.

Nach den Lotungen von Kabeldampfern auf rund 4^0 und etwa 13^0 N Br. wurde vermutet, dass den Philippinen an ihrem Ostrande eine Grabensenkung vorgelagert wäre. Die Untersuchung der Tiefenverhältnisse dort war dem Schiff als wichtigste Aufgabe gestellt.

Deshalb wurde der Kurs von den Palau-Inseln zunächst auf die Ostküste von Mindanao in 6^0 55′ N Br. genommen. Es wurde am 24. Januar eine Serienmessung gemacht und im übrigen zunächst täglich früh und abends gelotet. Dabei wurden Tiefen zwischen 4 und 6000 m gefunden.

Am 27. Januar, dem Geburtstage Sr. Majestät des Kaisers, wurden morgens zum erstenmal über 6000 m gelotet, nachmittags 7434 m. Am selben Abend wollte es das Missgeschick, dass mit der gesamten Länge des auf der Sigsbeetrommel befindlichen Drahtes, 8554 m, kein Grund gefunden wurde. Das Sinkgewicht, das ohne Grundberührung natürlich nicht abschlippte, musste aus dieser enormen Tiefe wieder mit aufgewunden werden: $2^1/_2$ Stunden Arbeit.

Der Philippinengraben war allerdings mit dieser Lotung gefunden und diese Tatsache entschädigte ein wenig für das unangenehme Gefühl, das den Kommandanten, Kapitänleutnant Kurtz, über einer Meerestiefe beschlich, die vielleicht grösser als alle bekannten war, und die genau zu messen er nicht die Hilfsmittel hatte.

Nachdem weitere 2000 m Draht auf die Trommel genommen waren, wurde sofort, am 28. Januar 12,40 Uhr früh, wieder gelotet. Diesmal war die Grundberührung undeutlich, und es gingen 780 m Draht verloren. Die Tiefe betrug nur noch etwa 8000 m, 7 Sm näher dem Lande als vorher und 29 Sm von Land.

Vier weitere Lotungen ergaben dann einen ziemlich gleichmässigen Anstieg bis zur Küste. Zwei Sm von Land, in 1113 m Tiefe, wurde die Bodentemperatur von $7^0.6$ gemessen, welche Wärme man im offenen Ozean in etwa 4—500 m Tiefe antrifft, während dort in 1100 m nur 4^0 bis $4^0.5$ gefunden werden.

Diese Erscheinung, dass das warme Wasser hier an der Küste tiefer gedrängt ist, wird verursacht durch den kräftigen Oberflächenstrom, der hier von Osten auf die senkrecht und steil sich entgegenstellende Küste trifft. Die Landmasse zwingt die Strömung zum Ausbiegen, und

Der gefesselte Drachen.

das geschieht natürlich in erster Linie in horizontaler Richtung, in beschränktem Masse aber auch nach unten. Dadurch werden die Wasserschichten aus ihrer normalen Lage in die Tiefe gedrängt.

Am 29. und 30. Januar wurde die tiefste Stelle des Philippinengrabens noch zweimal im Zickzack überschritten und als grösste Tiefen wurden 7940 bezw. 8500 m gefunden. Nach dem Ablaufen von Land lotete „Planet" weiter in See dann wieder Tiefen von 5500—6000 m.

Zwei Drachenaufstiege am 31. Januar und 1. Februar führten den Instrumentdrachen bis in 2800 bezw. 1800 m Höhe.

Vom 2. Februar ab wurde auf die Bernhardino-Strasse zu gehalten. Drei abgekürzte Serienmessungen in 175, 98 und 10 Sm Abstand von Land ergaben: auf der landfernsten Station in 400 m Tiefe kälteres Wasser als sonst (7⁰.2), auf der mittleren Temperaturverteilung, in 10 sm Landabstand aber erhöhte Temperatur in 400 m (9⁰.4) und in 100 m Tiefe (25⁰.1), während in 1000 m Tiefe an allen drei Orten dieselbe Temperatur gefunden wurde. Auch hier zeigt sich der eben erwähnte Einfluss einer Strömung auf die vertikale Temperaturverteilung vor einer Luvküste.

Am 4. Februar bei Windstärke 7, in einer aussergewöhnlich hohen und steilen See gelang eine Lotung von 8963 m, bei der allerdings der 20 m lange Vorlauf verloren ging.

Diese ganz unerwartet grosse Tiefe liegt nur 25 Sm von der nächsten Huk des Landes entfernt, so dass sich zwischen diesen beiden Punkten ein Böschungswinkel von fast 11⁰ ergibt, ein in derartiger Ausdehnung auf der Erde wohl weder über noch unter dem Meeresspiegel wieder vorkommender steiler Abhang. Man denke sich einen Gebirgskamm aus dem Meere in ziemlich gleichmässigem Anstieg erhebend derart, dass sein höchster etwa 9000 m hoher Gipfel nur 46 km von der Meeresküste entfernt liegt, und man hat einen Begriff von den gigantischen Abmessungen dieser Grabenböschung, die in einer meridionalen Ausdehnung von etwa 330 Sm entlang den Ostküsten von Mindanao und Samar durch die Lotungen dieser 9 Tage nachgewiesen worden war.

Am 7. Februar fand vor der Bucht von Manila ein Drachenaufstieg statt. Es war einer der monatlichen „internationalen" Aufstiegstage, und der frische Wind schien einen Hochaufstieg zu versprechen. Einer der Drachen des Gespanns fing aber oben an unruhig zu werden. Deshalb musste der Aufstieg vorzeitig abgebrochen werden, um einem gänzlichen Misserfolg vorzubeugen. Erreichte Höhe 1500 m.

Vom 8. bis 12. Februar lag S. M. S. „Planet" in M a n i l a. Das Schiff und die Ergebnisse seiner Arbeiten waren hier der Gegenstand einer Aufmerksamkeit, die besonders in den örtlichen Tageszeitungen zutage trat.

Entsprechend dem englisch-amerikanischen Masssystem wurden hier die letzten Lotungen in englischen Fuss angegeben. Das ergab für die grösste erreichte Tiefe etwa 29 400 F u s s.

Dass eine in Manila erscheinende spanische Zeitung dann die Nachricht brachte, „Planet" hätte eine Tiefe von fast 30 000 M e t e r n gelotet, wirkte freilich verwirrend, trug aber auch das ihre dazu bei, das Ansehen des kleinen Schiffes zu heben.

Von dem Observatorium in Manila erfuhr das Kommando die bereitwilligste und weitgehendste Unterstützung bei der Eichung der Meteorographen, die sich mit den Hilfsmitteln des Schiffes weniger genau ausführen liess.

Dieses berühmte Observatorium ist eines der ältesten ausserhalb Europas. Von Jesuiten gegründet und stets von ihnen geleitet, ist es auch jetzt, unter amerikanischer Herrschaft, unter der alten bewährten Leitung geblieben. Sein Direktor, Pater José Algué, ist bekannt als der gründlichste und erfolgreichste Taifunforscher. Der von dem Observatorium in den Philippinen eingerichtete und im übrigen Ostasien angeregte Wetterdienst ist europäischen Einrichtungen ähnlicher Art mindestens ebenbürtig. Die vorgeschobensten Posten des von Manila aus grosszügig organisierten Netzes meteorologischer Stationen sind Yap und die Marianeninsel Guam.
— Dieser Wetterdienst und die wissenschaftliche Bearbeitung der gewonnenen Beobachtungen bilden das Hauptarbeitsfeld des Observatoriums. Ausserdem besitzt es eine Sternwarte und eine Erdbebenbeobachtungsstelle; auch veröffentlicht es in seinen monatlichen Bulletins eingehende Saatenstandsberichte aus den Philippinen.

Die deutsche Kolonie mit dem Konsul Dr. Grunenwald an der Spitze bereitete dem Schiff einen überaus herzlichen Empfang.

Manila hat sich unter amerikanischer Herrschaft, d. i. seit 1898, vorteilhaft verändert. Die grösste und wichtigste Errungenschaft ist der neue Hafen. Auf der offenen Reede von Manila waren die Schiffe früher dem häufig auftretenden schlechten Wetter preisgegeben. Eine erst in den letzten Jahren vollendete Molenanlage von etwa 3,6 km Gesamtlänge bietet jetzt mehreren Dutzenden von Schiffen gut geschützte Ankerplätze.

An Land fällt allmählich die dicke Mauer, die die ältesten Stadtteile von Luft und Licht und Verkehr abschloss. Höherlegung der Strassen, Trockenlegung des sumpfigen Geländes in der Nähe der Stadt, Gefrieranlagen machen den Aufenthalt für den Weissen gesunder und angenehmer.

Hier und in anderen Teilen der Philippinen weht ein weitblickender, unternehmender Geist: Strassenbauten, eine weitgreifende und reich organisierte Küstenvermessung, sowie im Bau begriffene Eisenbahnen ebnen der wirtschaftlichen Entwickelung des Landes die Pfade.

Am 17. Februar traf S. M. S. „Planet" in Hongkong ein und begann alsbald mit Docken und den Arbeiten zur Instandsetzung von Schiffskörper und Maschinen.

Die Forschungsreise des Schiffes war hiermit beendet. Auf der Rückreise nach dem Bismarck-Archipel (17. März bis 5. Mai 1907) hat „Planet" noch Untersuchungen über den Verlauf des Liukiugrabens vorgenommen, das Nichtvorhandensein der beiden angeblichen Untiefen Duguay Trourin und Anson Shoal östlich von Luzon festgestellt und in 10 Serienmessungen wichtige Aufschlüsse erhalten über die Tiefenstauwirkung des nördlichen Äquatorialtriftstromes beim Auftreffen auf die Philippinen.*)

Eine Zusammenstellung der Ergebnisse ergibt folgendes Bild:

Die S t r e c k e v o n K i e l b i s H o n g k o n g betrug 25 000 Sm und ist in 225 Seetagen zurückgelegt worden; die Fahrten im Vermessungsgebiet sind hierbei nicht eingerechnet.

Während der Reise sind 255 T i e f l o t u n g e n ausgeführt worden. Davon entfallen:

55 auf Tiefen über 2000 m		6 auf Tiefen über 7000 m		
94 „ „ „ 3000 „		4 „ „ „ 8000 „		
43 „ „ „ 5000 „		Grösste Tiefe 8900 m		

---

*) Siehe Annalen der Hydrographie 1907 Seiten 345—348, 388—389 und 441—446.

Eine Lotung in 3000 m Tiefe dauert etwa 1 Stunde, in 8000 m etwa 3 Stunden. Durch diese Tieflotungen sind teils offene Fragen betreffend die Morphologie des Meeres beantwortet worden (Verlauf des Walfischrückens im Südatlantischen Ozean), teils unbekannte Tatsachen aufgedeckt worden (Sunda- und Philippinengraben).

Durch 54 S e r i e n m e s s u n g e n haben unsere bisherigen Kenntnisse über die vertikale Temperaturverteilung im Ozean und über die chemische Zusammensetzung des Tiefseewassers wertvolle Ergänzungen erfahren.

41 gelungene D r a c h e n a u f s t i e g e und 23 B a l l o n f l ü g e lieferten Beiträge zur Physik der Atmosphäre, grösstenteils aus Gebieten, die in dieser Beziehung noch gänzlich unerforscht waren.

Unter den Drachenaufstiegen waren:

        10 über 2000 m
         7 ,, 3000 ,,
         6 ,, 4000 ,,
         2 ,, 5000 ,, (h ö c h s t e r A u f s t i e g 5880 m).

Der höchste Ballonaufstieg betrug 17 000 m, die längste Pilotballonbeobachtung betrug 13 400 m.

B i o l o g i s c h. Zahlreiche Planktonstufenfänge, welche besonders häufig auch auf hohem Meere in den drei Ozeanen ausgeführt werden konnten, ergaben Beiträge zu den bisherigen deutschen Untersuchungen bezüglich der Verteilung des Plankton. — Der Keimgehalt des Meerwassers an der Oberfläche wurde auf viele Stationen durch das Plattenverfahren ermittelt. Fast stets gelang es auch in Nährlösungen (nach Baur und Granscher modifizierter Vorschrift angefertigt) stickstoffzerstörende Keimarten aus dem Oberflächenwasser zu züchten. Die von Dr. Raben, Kiel, ausgearbeitete Methode, im Meerwasser gelöste Stickstoffverbindungen nachzuweisen, wurde in den ersten Reiseabschnitten an Bord angewandt. Im weiteren Verlauf der Reise wurden aber nur Wasserproben zu solchen Untersuchungen gesammelt und konserviert. Während der Hafenaufenthalte bot sich mehrfach Gelegenheit, zoologisches Material zu gewinnen.

A n t h r o p o l o g i s c h e Messungen und Photographien wurden an fast allen angelaufenen Plätzen ausgeführt, besonders im indonesischen Gebiet. Daneben wurden phonographische Aufnahmen gemacht, Studien am Bootsbau, Haus und Webstuhl, soweit die Zeit es zuliess, in Angriff genommen. Besonders war es möglich, eine kleine Monographie von den Hermit Inseln auch bezüglich der Fauna zu gewinnen, sowie eine umfassende Studie über die Basuto in Nord-Transvaal zu machen.

Die V e r m e s s u n g zeitigte ein Resultat von 226 km Küstenstrecke und 294 Sm Seegebiet Es wurden vermessen: die Hermit-Inseln, Teilgebiete in den Admiralitäts-Inseln, sowie die Nord küste von Neu-Hannover in 45 Arbeitstagen.

Schliesslich ergaben die s t e r e o p h o t o g r a m m e t r i s c h e n A r b e i t e n Ergebnisse, die zur Vervollkommnung der Apparate sowie für eine methodische Handhabung des Verfahrens bei Küstenvermessungen und Wellenaufnahmen beachtenswerte Beiträge geliefert haben.

„Planet" steht im Mittelpunkt seines Schaffens. Die erste Frucht seiner Tätigkeit ist geerntet, einer Tätigkeit, die durch frohen Mut, helle Einsicht und lebendige Begeisterung für die Sache gekennzeichnet war. Arbeit verjüngt sich durch Arbeit. Möge dem Schiff vergönnt sein, sich mit weiteren Erfolgen an dem Aufbau des Gebäudes zu beteiligen, an dessen Vollendung die Wissenschaft arbeitet. Ein guter Genius leite es.

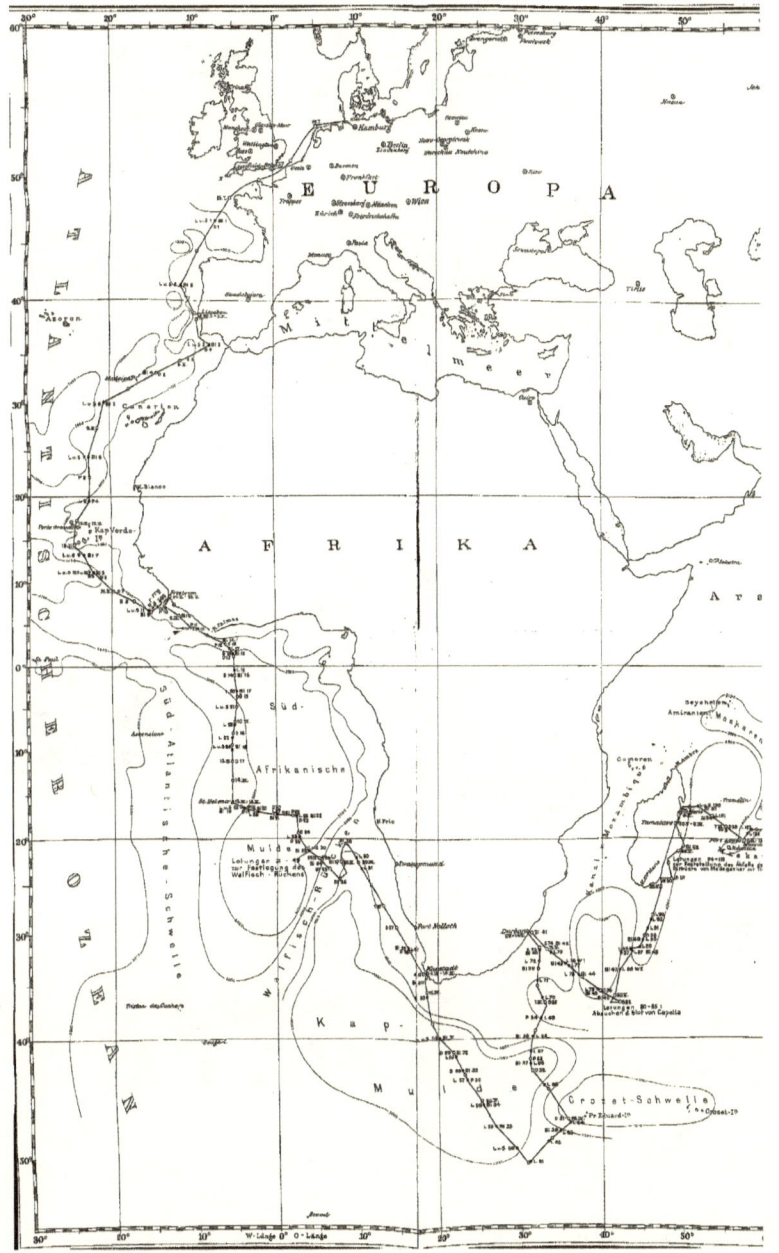

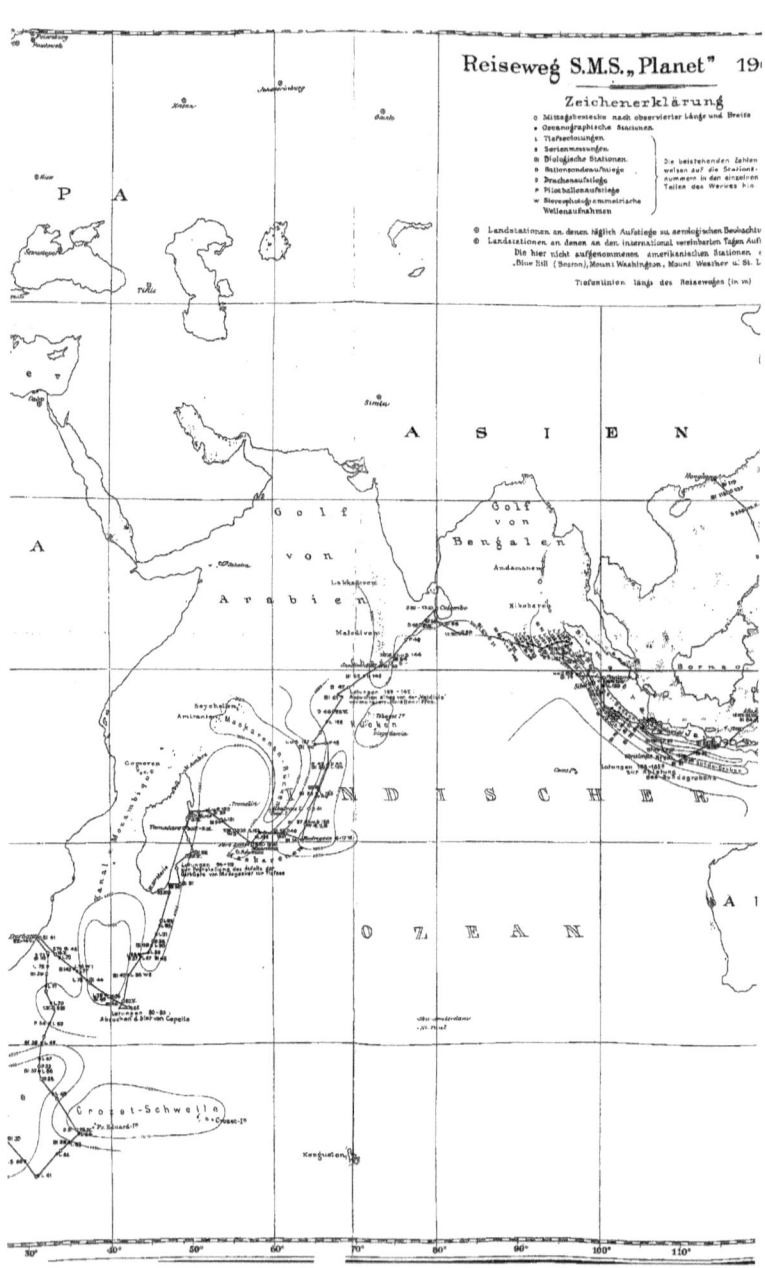

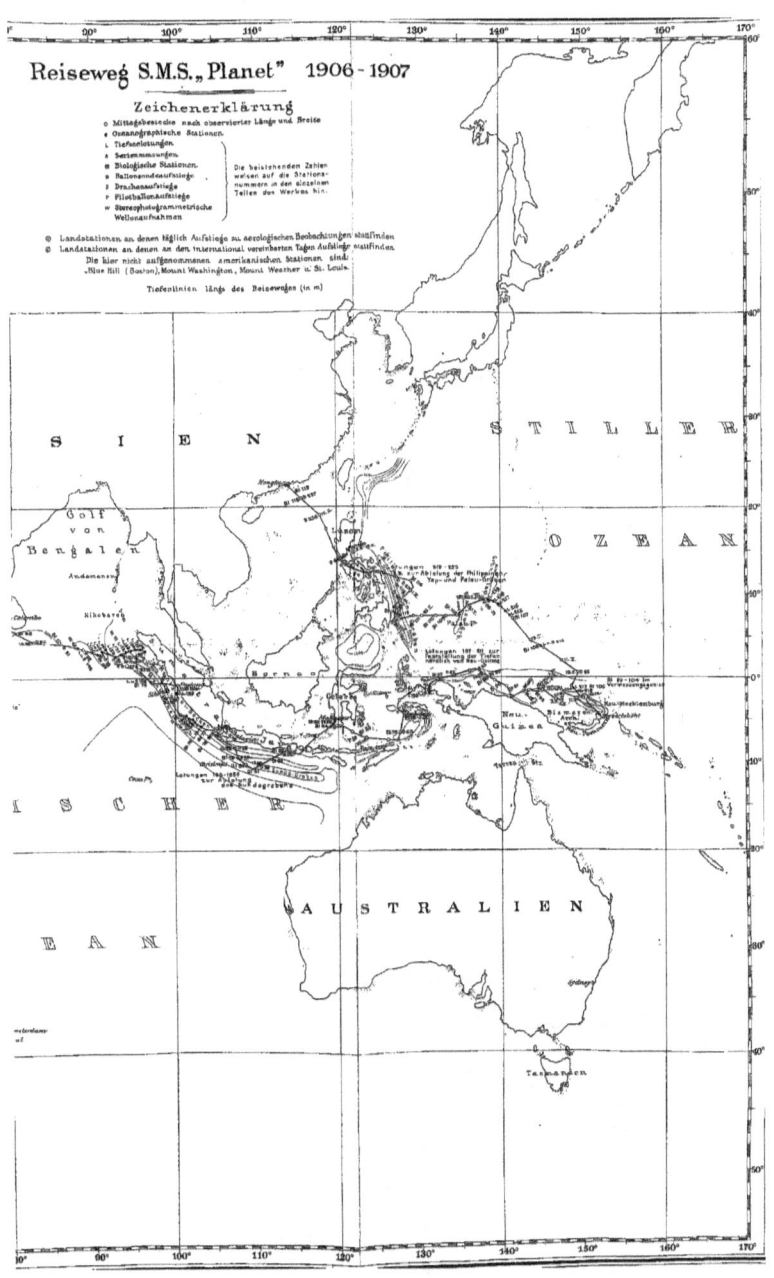

www.ingramcontent.com/pod-product-compliance
Lightning Source LLC
Chambersburg PA
CBHW030122240426
43673CB00041B/1370